AI와 섬네일 제작

인공지능총서

인공지능 시대입니다. 기계가 인간의 인지를 대신하고, 사물이 인간을 통하지 않고 다른 사물과 직접 커뮤니케이션합니다. 이에 따른 인간 삶과 문명 변화를 정확히 이해·예측·대응하는 것은 이 시대 우리 모두의 과제입니다. 인공지능총서는 인공지능 기술과 환경의 여러 주제를 10가지 키워드로 정리합니다. 관련 개념과 이론, 학계와 산업계의 쟁점, 우리 일상의 변화를 다룹니다. 인간과 기술의 현재, 미래를 세심히 분석합니다.

일러두기

- 인명, 작품명, 저서명, 개념어 등은 한글과 함께 괄호 안에 해당 국가의 원어를 병기했습니다.
- 외래어 표기는 현행 어문규정의 외래어표기법을 따랐습니다. 다만 '포토샵' '솔루션' 등은 관행을 따랐습니다.

처음이세요?

전문가세요?

AI와 섬네일 제작

선정훈

대한민국, 서울, 커뮤니케이션북스, 2025

AI와 섬네일 제작

지은이 선정훈
펴낸이 박영률

초판 1쇄 펴낸날 2025년 7월 22일

커뮤니케이션북스(주)
출판 등록 2007년 8월 17일 제313-2007-000166호
02880 서울시 성북구 성북로 5-11
전화(02) 7474 001, 팩스(02) 736 5047
commbooks@commbooks.com
www.commbooks.com

ISBN 979-11-430-0589-2 03500

책값은 뒤표지에 표시되어 있습니다.

차례

디자인과 AI의 만남

AI와 디자이너의 예상치 못한 만남

2022년, 단 몇 줄의 문장을 입력하면 현실감 넘치는 이미지를 생성해 내는 '미드저니(Midjourney)'와 '달리 2(DALL · E 2)'의 등장은 디자인 업계에 커다란 충격을 던졌다. 한때 디자이너만이 가능하다고 여겨졌던 창작 활동이 인공지능이라는 새로운 존재에 의해 자동화되면서, 디자인의 영역은 다시 쓰이기 시작했다. 마치 사진기가 회화의 독점을 무너뜨렸던 19세기처럼, AI는 디자이너들에게 일종의 기술적 변곡점을 강제로 마주하게 만들었다. 놀라움과 위기감이 동시에 번졌고, '디자인은 이제 인간만의 영역이 아니게 된 것인가?'라는 근본적인 질문이 제기되었다.

혼란 속에서 피어난 두 가지 시선

디자이너들은 AI와의 첫 만남에서 예상보다 훨씬 복잡한 감정을 느꼈다. 한편으로는 자신이 수년간 갈고닦은 기술이 단 몇 초 만에 재현되는 데서 오는 상실감과 위기

감이 존재했고, 다른 한편으로는 한계 없는 이미지 실험이 가능해진다는 점에서 기회와 기대도 공존했다. 특히 프리랜서 디자이너나 1인 창작자들에게 AI는 작업 시간을 단축하고 다수의 시안을 빠르게 만들어 내는 효율적 도구로 인식되기 시작했다. 반면, 대형 조직의 디자이너들 중 일부는 'AI가 가져온 생산성'보다 '정체성의 위축'을 더 크게 느꼈다. 이렇게 AI는 누구에게는 창작의 동반자로, 누구에게는 직업적 위협으로 다가오며 디자인 업계 전반에 새로운 논쟁을 촉발했다.

재편되는 디자인 프로세스의 흐름

AI는 단순히 '이미지를 만들어 주는 도구' 이상의 역할을 하며, 디자인 프로세스 전체를 근본적으로 재편하고 있다. 과거에는 아이디어 도출, 자료 조사, 콘셉트 스케치, 시각화, 수정, 완성이라는 순차적 단계가 필요했지만, 이제는 AI가 초기 콘셉트 스케치부터 시각화까지의 과정을 순식간에 대체하거나 보완하고 있다. 디자이너는 텍스트 기반의 프롬프트를 통해 다수의 이미지 시안을 얻은 후, 그중에서 콘셉트에 부합하는 결과물을 선별하고 조율하는 방식으로 일의 흐름을 바꾸고 있다. 특히 유튜브 섬네일, 웹 콘텐츠, SNS 비주얼 이미지처럼 다량의 비주얼이 요구되는 작업에서는 AI의 효율성이 탁월하게 드러난다. 이처럼 AI의 도입은 디자인을 더 빠르게, 더 다양하게 만들 수 있게 해 주었지만, 그런 동시에 '무엇을 만들까'보다 '어떻게 선택하고 의미화할까'가 디자이너의 핵심 역할로 자리 잡게 만들었다.

디자이너의 정체성과 창의성의 재정립

디자이너에게 AI는 단순한 도구가 아니라 정체성을 다시 묻게 만드는 존재였다. '내가 만든 이미지가 진짜 나의 창작물인가?', 'AI가 만든 결과물을 조율하는 것도 창작일까?'라는 질문은 단순히 기술 활용의 범위를 넘어, 디자이너의 존재 이유를 되돌아보게 만들었다. 하지만 역설적으로, 이러한 질문은 디자이너가 더 근본적인 창의적 판단의 주체임을 상기시켜 주었다. AI가 이미지를 만들어 줄 수는 있어도, 그 이미지가 브랜드의 가치와 부합하는지, 특정 타깃에게 효과적으로 소구할 수 있는지에 대한 결정은 결국 사람의 몫이다. 특히 콘텐츠 이미지 제작은 시각적 완성도뿐 아니라, 맥락과 메시지를 전달하는 감각이 핵심이기 때문에, 디자이너의 역할은 오히려 더욱 전략적으로 진화하고 있다.

이 책은 급변하는 디자인 환경 속에서 디자이너가 어

떤 방향으로 나아가야 하는지를 함께 고민하고 실질적인 실마리를 제시하고자 한다. AI는 위협이 아니라 새로운 언어이자 파트너가 될 수 있다. 중요한 것은 그것을 어떻게 해석하고 활용하는가다. 본문에서는 미드저니, 달리, 플레이그라운드AI, 이마젠 3(Imagen 3) 등 다양한 AI 도구를 소개하고, 이를 실무에서 콘텐츠 이미지 제작에 활용하는 구체적인 방식과 사례들을 분석한다. 또한, AI와 협업하면서도 자신만의 스타일과 철학을 유지하는 방법, 포트폴리오 구성 전략, 미래 디자인 직군의 변화와 핵심 역량까지 단계적으로 풀어낸다. 독자가 이 책을 통해 AI 시대에 걸맞은 새로운 디자이너의 정체성을 탐색하고, 자기만의 아이덴티티를 더욱 분명하게 구축해 나가길 기대한다.

참고문헌

Elgammal, A., et al.(2017). CAN: Creative adversarial networks, generating "art" by learning about styles and deviating from style norms. doi:10.48550/arXiv.1706.07068

Manovich, L.(2020). *AI Aesthetics*. Strelka Press.

McCormack, J., et al.(2019). Autonomy, authenticity, authorship and intention in computer generated art. In Ekárt, A. et al.(eds.). *Lecture notes in computer science*(vol. 11453), pp.35~50. Springer. doi:10.1007/978-3-030-16667-0_3

01
AI의 발전과 디자이너 대체 가능성

AI가 디자인 작업을 자동화하면서 디자이너의 역할이 변화되고 있다. 특히 이미지 제작에서 AI가 맡을 수 있는 부분과 디자이너가 여전히 필요한 부분을 구분하고, AI가 제공하는 효율성을 어떻게 활용할 수 있을지 설명한다.

AI와 1인 창업?

AI 시대의 도래와 디자인 산업의 지각 변동

21세기 초반까지만 해도 인공지능(AI)은 먼 미래의 이야기처럼 여겨졌다. 그러나 불과 몇 년 사이, AI는 우리의 일상 속 깊숙이 스며들었고, 이제는 검색 · 번역 · 추천 시스템은 물론이고 이미지 · 음성 · 영상까지도 생성하는 수준에 이르렀다. 특히 2022년 이후, 이미지 생성형 AI 도구들이 급속도로 발전하면서 디자이너들 사이에서는 일종의 '지각 변동'이 일어나기 시작했다. 미드저니(Midjourney), 달리(DALL · E), 스테이블 디퓨전(Stable Diffusion) 등은 간단한 텍스트 명령어만으로도 고품질의 이미지를 순식간에 생성해 내며 기존의 디자인 프로세스에 강력한 충격을 가했다. 예전에는 수시간, 수일이 걸리던 이미지 시안 작업이 이제는 몇 분 만에 가능해진 것이다. 이처럼 AI는 디자인이라는 영역에서 단순한 보조 기술이 아닌, 창작의 전 과정에 영향을 미치는 주체로 자리 잡고 있다.

AI 기술의 급속한 확산은 디자이너들에게 동시에 두 가지 감정을 안겨 주었다. 하나는 '두려움'이었다. 자신이 수년간 쌓아 온 스킬과 경험이 단 몇 줄의 프롬프트(prompt)와 알고리듬에 의해 무력화될 수 있다는 불안감은 결코 작지 않았다. 또 다른 하나는 '호기심'이었다.

일부 디자이너들은 AI가 제공하는 창작 도구로서의 가능성에 매료되었고, 새로운 실험을 통해 기존의 한계를 넘어서는 결과물을 만들어 내기도 했다. 특히 프리랜서, 스타트업, 1인 디자이너들에게는 빠르게 시안을 제작하고 다양한 스타일을 시도할 수 있다는 점에서 AI는 매우 매력적인 파트너로 받아들여졌다. 이처럼 AI의 등장은 일방적인 위협이 아닌, 누군가에게는 생존의 도구이자 성장의 기회로 작용하고 있다.

AI는 이제 단순히 '이미지를 만드는 도구'를 넘어서, 디자인 프로세스 전반에 관여하는 공동 창작자로 기능하고 있다. 초기 구상 단계에서는 미드저니나 달리 같은 생성형 AI를 통해 다수의 시각적 콘셉트를 빠르게 시각화할 수 있고, 반복적인 수정과 버전 비교도 수월하다. 기존에는 수작업으로 여러 번 수정하고 디자이너 간 협의를 거쳐야 했던 과정이, 이제는 텍스트 프롬프트를 수정하거나 키워드를 조정하는 방식으로 훨씬 유연하고 빠르게 진행된다. 또한 런웨이 ML(Runway ML)이나 어도비 파이어플라이(Adobe Firefly) 같은 툴은 디자이너가 구상한 콘셉트를 바탕으로 자연스러운 배경 생성, 이미지 보정, 스타일 일관성 유지 등 실질적인 제작 단계에서도 큰 도움을 준다. 이처럼 AI는 아이디어 도출부터 최종 출력에 이르기까지, 디자인의 전 과정을 다시 쓰고 있다.

이제 디자이너는 단순히 손으로 결과물을 만드는 '제작자'가 아니라, AI를 활용해 창작 방향을 설정하고 결과물을 선별하고 조율하는 기획자이자 큐레이터의 역할로 변화하고 있다. AI가 시각적 결과물을 빠르게 생성해 줄 수는 있지만, 무엇이 적절한 톤 앤드 매너(tone & manner)인지, 브랜드의 콘셉트에 맞는지, 시각적 메시지가 설득력을 갖추고 있는지는 여전히 디자이너의 판단이 필요한 부분이다. 따라서 AI의 도입은 디자이너를 대체하기보다는, 디자이너가 더 고차원적인 창의적 의사 결정에 집중할 수 있도록 역할을 재정의하는 계기로 작용하고 있다. 이는 특히 '콘텐츠 이미지 제작' 분야에서 더욱 두드러진다. 어떤 이미지를 어떻게 전달할 것인가, 이미지가 말하는 방식과 문화적 맥락을 파악하고 전략적으로 연출하는 역량이 디자이너에게 요구되고 있는 것이다.

콘텐츠 이미지 제작의 방식도 근본적으로 달라지고 있다. 과거에는 하나의 이미지를 만들기 위해 디자이너가 브레인스토밍, 스케치, 툴 작업, 클라이언트 피드백 등 여러 단계를 거쳐야 했다. 그러나 생성형 AI의 등장으로 '속도'와 '반복'이 중요한 경쟁력이 되었다. 수십, 수백 장의 시안을 단시간에 생성할 수 있으며, 그중에서 가장 적절한 결과물을 선별하고 발전시키는 방식으로 작업 흐름이 바뀌고 있다. 디자이너는 이제 '무에서 유를 창조하는' 방식에만 의존하지 않고, AI가 제공한 시각적 결과물들을 적극적으로 조합하고 필터링하여 콘텐츠에 적합한 이미지를 신속하게 제작할 수 있다. 이로 인해 단시간에 더 많은 실험과 스타일 전환이 가능해졌으며, 유튜브 섬네일, 인스타그램 피드, 브랜디드 콘텐츠 등 다양한 플랫폼에 맞춘 멀티버전 이미지 제작이 실무 현장에서 일상화되고 있다.

결국, AI는 디자이너의 자리를 빼앗는 기술이 아니라, 새로운 창작 환경을 열어 주는 촉매제로 받아들여야 한다. 반복적이고 수고스러운 작업에서 해방된 디자이너는, 더 전략적이고 창의적인 역할에 집중할 수 있게 되었다. 하지만 동시에, 누구나 AI 도구를 사용할 수 있는 시대에는 '무엇을 만들 것인가'보다 '어떻게 해석하고 연출할 것인가'가 더욱 중요한 경쟁력이 된다. 따라서 디자이너는 기술의 흐름을 무조건 따르기보다는, AI의 가능성과 한계를 이해한 뒤, 자신의 미적 감각과 사고방식을 어떻게 결합할지에 대해 깊이 고민해야 한다. 콘텐츠 이미지 제작 역시 마찬가지다. AI는 빠르게 이미지를 만들어 줄 수 있지만, 그 이미지를 통해 어떤 메시지를 전달할지, 어떤 감정과 맥락을 담을지는 결국 디자이너의 몫이다. 이 책은 바로 그 지점에서, 디자이너가 AI와 함께 스스로의 정체성을 어떻게 재구성하고 강화할 수 있을지를 탐구하고자 한다.

대체 불가능한 디자이너의 고유성

생성형 AI는 시각적 결과물을 빠르게 생성하고, 스타일이나 톤을 조정하는 데에 매우 효과적이지만, 그 결과물이 어떤 맥락에서 의미를 갖는지, 어떤 감정을 불러일으키는지, 그리고 사용자에게 어떤 메시지를 전달하는지까지 판단할 수는 없다. 디자이너는 단순히 이미지를 만드는 사람을 넘어, 문화와 맥락을 해석하고 시각적으로 번역하는 해석자이자 연출자다. 예를 들어, 한 브랜드의 이미지를 제작할 때, 단순히 예쁜 이미지보다 그 브랜드의 역사, 타깃층의 감성, 플랫폼의 특성을 고려해 디자인해야 한다. 이러한 복합적이고 다층적인 판단은 인간의 직관과 경험, 그리고 감성적 민감성에 기반한 것이며, 현 단계의 AI가 쉽게 대체할 수 있는 역량이 아니다.

인간과 AI의 분업 구조—창의적 통제의 중요성

반복적이고 수작업이 필요한 작업을 AI가 빠르게 처리할 수 있어, 디자이너는 더 높은 수준의 창의적 판단에 집중할 수 있게 되었다. 이를 통해 디자인 프로세스는 '생산' 중심에서 '선택과 조율' 중심으로 전환되고 있다. 예를 들어, 콘텐츠 이미지 제작에서 디자이너는 미드저니나 달리와 같은 생성형 AI를 활용해 다수의 시안을 생성하고, 그 결과물 중 브랜드 정체성과 맞는 이미지를 선택하거나 필요한 부분을 재편집한다. AI는 효율성과 다양성을 제공하고, 디자이너는 콘텐츠의 의도 · 맥락 · 감정 · 일관성을 판단해 최종 이미지를 완성한다. 이처럼 AI와 디자이너는 보완적인 협업 관계를 형성하고 있으며, 핵심은 디자이너가 창의적 통제력을 놓치지 않고 주도권을 유지하는 것이다.

콘텐츠 이미지에서 요구되는 인간의 감각과 맥락 인지

콘텐츠 이미지는 단순히 시각적으로 보기 좋은 결과물을 넘어, 특정한 분위기와 감정을 시각적으로 전달해야 하는 장르다. 유튜브 섬네일 하나를 만들더라도, 그 영상이 가진 내용의 흐름, 타깃 시청자의 취향, 경쟁 콘텐츠의 스타일 등을 고려한 세밀한 판단이 필요하다. 이러한 감각은 데이터로 학습된 AI가 따라잡기 어렵다. 예를 들어, AI는 "자극적인 색상과 표정을 사용하라"라는 패턴을 학습할 수는 있지만, '지금 이 콘텐츠에서 과한 자극이 오히려 역효과를 낼 수 있다'는 판단은 할 수 없다. 디자인은 단순히 시각 언어를 구현하는 작업이 아니라, 사회적 맥락과 감성적 뉘앙스를 해석하고 전략적으로 구성하는 작업이다. 따라서 콘텐츠 이미지 디자인에서 디자이너의 민감한 판단력과 세밀한 조율 능력은, AI 시대에도 여전히 핵심적인 경쟁력이 된다.

대체 불가능성을 기반으로 한 새로운 디자이너의 전략

이제 디자이너에게 필요한 것은 AI를 두려워하거나 거부하는 태도가 아니라, AI의 기능을 명확히 이해하고 이를 자신만의 창의적 전략 안에 통합하는 능력이다. 단순한 사용자가 아닌, AI를 해석하고 조율하며 창작을 이끄는 '디자인 디렉터'로서의 자세가 요구된다. 예를 들어, 콘텐츠 이미지 제작에서 AI를 통해 다양한 시각적 변형을 실험하고, 그 결과물을 브랜딩 전략, 타깃 소비자 반응, 채널 특성과 연결하여 정제하는 작업은 인간 디자이너만이 할 수 있는 고유한 설계 행위다. 결국 중요한 것은 'AI를 사용할 줄 아느냐'보다 'AI와 함께 무엇을 창조할 수 있느냐'다. 디자이너는 자신의 미적 감각과 비평적 사고를 바탕으로 AI의 결과물을 재해석하고, 스스로의 아이덴티티를 확장하는 방향으로 나아가야 한다. 그렇게 할 때, 디자이너는 대체 불가능한 존재로서 더욱 명확한 위상을 가질 수 있다.

참고문헌

Elgammal, A., et al.(2017). CAN: Creative Adversarial Networks, Generating "Art" by Learning About Styles and Deviating from Style Norms.

Manovich, L.(2020). *AI Aesthetics*. Strelka Press.

McCormack, J., et al.(2019). Autonomy, authenticity, authorship and intention in computer generated art. In Ekárt, A. et al.(eds.). *Lecture notes in computer science*(vol. 11453), pp.35~50. Springer. doi:10.1007/978-3-030-16667-0_3

02
AI 디자인 도구의 현재와 미래

현재 디자인 업계에서 활용되는 주요 AI 도구들을 소개하고, AI가 콘텐츠 이미지 제작에 어떻게 활용되는지 구체적으로 설명한다. 예를 들어, AI 이미지 생성 툴을 통해 어떻게 더 빠르고 효율적으로 고퀄리티 이미지를 만들 수 있는지 다룬다.

AI와 MBTI?

실무에 들어온 생성형 AI 도구의 현주소

최근 몇 년 사이, 디자인 실무에서 가장 두드러진 변화 중 하나는 이미지 생성형 인공지능 도구의 등장이었다. 미드저니, 달리 2, 스테이블 디퓨전, 런웨이 ML, 어도비 파이어플라이 등으로 대표되는 이들 도구는 텍스트 프롬프트 기반의 시각 결과물을 생성하는 기능을 중심으로, 기존의 디자인 제작 방식에 강력한 충격을 주었다. 이전까지 디자이너는 포토샵(Photoshop)이나 일러스트레이터(Illustrator) 등 전통적인 툴을 기반으로 수작업 중심의 작업을 수행했다. 아이디어를 스케치하고, 레이아웃을 짜고, 색상과 구도를 조정하며, 클라이언트의 피드백에 따라 여러 번 반복 수정하는 일이 다반사였다. 그러나 이제는 AI 도구를 통해 텍스트만 입력하면 수십 개의 이미지 시안을 몇 분 안에 확인할 수 있으며, 그 결과물들은 단지 참고 수준이 아니라 실무에 바로 적용할 수 있는 수준으로 도약하고 있다.

이러한 변화는 특히 콘텐츠 중심의 이미지 제작 환경에서 더욱 빠르게 확산되고 있다. 유튜브 섬네일, 블로그 시각 콘텐츠, 인스타그램 피드 디자인, 광고 캠페인용 비주얼 등에서는 빠른 작업 속도와 시각적 다양성이 중요시되는데, AI 도구는 바로 이 지점에서 탁월한 성능을 보여 준다. 기존에는 단 하나의 비주얼을 완성하는 데에만도 많은 시간이 소요되었지만, 이제는 미드저니를 활용해 다양한 스타일과 구도를 실험하고, 달리 2를 이용해 특정 오브젝트 중심의 상세 이미지를 빠르게 확보할 수 있다. 스테이블 디퓨전의 경우, 로컬 환경에서 커스터마이징이 가능하여 브랜드 맞춤형 이미지 생성도 가능해졌다. 특히 광고, 마케팅, 영상 제작 등의 콘텐츠 기반 디자인 환경에서는 이 같은 시각적 대량 생산 능력이 높은 실용성과 전략적 효율성을 제공한다.

하지만 이러한 변화는 단순히 '효율적인 도구의 등장이었다'는 기술적 차원에서 머물지 않는다. 많은 디자이너는 이제 디자인이라는 작업 자체의 개념이 달라졌다고 느끼고 있다. 과거에는 디자이너가 자신의 손으로 만들어 낸 결과물 중심의 사고방식이 강했다면, 이제는 '무엇을 만들지'보다 '무엇을 조합하고 선택할지', '어떻게 연출할지'가 더 중요해졌다. 즉, AI와 협업하는 디자인은 기존의 장인적 모델에서 기획자적 모델로 전환되고 있는 것이다. 디자이너는 이제 이미지의 직접적인 제작자에서, 이미지 생성 흐름을 기획하고 디렉팅하는 역할로 진화하고 있다. 이러한 변화를 가장 먼저 체감하고 있는 분야가 바로 콘텐츠 이미지 디자인이며, 그 중심에는 생성형 AI 도구들이 존재한다.

도구별 특징과 디자이너의 선택 전략

생성형 AI 디자인 도구는 겉보기에는 비슷해 보일 수 있지만, 각각의 도구는 생성 방식, 프롬프트 해석 능력, 출력 스타일, 사용자 조작 가능성 등의 측면에서 분명한 특성과 차이를 보이고 있다. 이러한 차이는 단순한 편의성의 문제가 아니라, 디자인 결과물의 품질과 방향성에 직접적인 영향을 미치기 때문에 디자이너는 툴 선택에서 전략적 판단이 필요하다. 예를 들어, 미드저니는 예술적인 감성, 독특한 질감, 그리고 직관적인 스타일 구성이 뛰어난 도구로 평가된다. 다소 비현실적이고 몽환적인 이미지에 강점을 보이며, 개념 아트나 일러스트레이션, 브랜드 감성 중심의 시각화에 적합하다. 디자이너들이 미드저니를 선호하는 이유 중 하나는 반복적인 학습 없이도 강한 미적 일관성을 유지하면서도 다양한 스타일 실험이 가능하다는 점이다. 특히 비주얼 콘셉트가 중요한 초기 기획 단계에서 빠르게 감성적인 스케치를 생성할 수 있어 높은 효율을 자랑한다.

반면에 달리 2는 실사 기반 이미지나 일상적 오브젝트, 구체적인 장면 설정에 강점을 가진 도구다. 오픈AI

(OpenAI)가 개발한 이 도구는 텍스트를 해석하고 사실적으로 구현하는 능력이 뛰어나며, '파란 배경의 테이블 위에 놓인 녹색 잔디 화분'과 같은 복잡한 프롬프트에도 정교한 이미지를 생성할 수 있다. 특히 제품 렌더링, 구성 기반의 섬네일 제작, 설명용 인포그래픽 이미지 제작에 적합하며, 프롬프트 설계만 잘한다면 세밀하고 균형 잡힌 결과물을 얻을 수 있다. 스테이블 디퓨전은 오픈 소스로 제공되며, 사용자의 손에 조작권이 크게 주어진다는 점에서 차별화된다. 로컬 환경에서 작동이 가능하고, 커스텀 모델이나 프리셋 스타일을 적용할 수 있어 더욱 실험적인 이미지 생성에 강점을 가진다. 특히 브랜드 콘셉트에 맞춰 일정한 스타일을 반복 생산할 수 있는 환경이 필요할 때, 스테이블 디퓨전은 강력한 선택지가 된다. 단점은 사용 난도가 높고 설정에 시간이 걸릴 수 있다는 점이지만, 능숙한 디자이너에게는 가장 자유로운 창작 환경을 제공한다.

이 외에도 런웨이 ML은 정적인 이미지뿐만 아니라 비디오 기반 콘텐츠 제작과 편집 기능까지 제공하며, 최근에는 모션 그래픽, 배경 제거, 스타일 전환 등의 영상 기반 AI 작업에도 특화된 기능을 보여 주고 있다. 이는 콘텐츠 마케팅, SNS 릴스, 쇼트폼 영상 디자인 등 시각적 흐름이 필요한 프로젝트에서 강력한 도구가 된다. 어도비 파이어플라이는 기존 어도비 생태계와의 연동성이 뛰어나, 포토샵이나 일러스트레이터에서 바로 AI 생성 이미지를 불러와 수정하거나 텍스트 스타일링, 배경 대체 등의 작업을 이어서 할 수 있다는 점이 특징이다. 즉, 디자이너의 기존 작업 흐름과 자연스럽게 연결되도록 설계된 도구라고 볼 수 있다.

이런 다양한 도구가 존재하는 만큼, 디자이너는 단순히 "가장 유명한 툴"을 고르는 방식이 아니라, 자신이 제작하려는 이미지의 목적, 스타일, 사용 플랫폼, 제작 시간, 클라이언트 요구 사항 등을 종합적으로 고려해 도구를 선택해야 한다. 감성 중심의 콘셉트 아트에는 미드저니, 구조적 명확성이 요구되는 콘텐츠 이미지에는 달리 2, 반복적인 브랜드 이미지에는 스테이블 디퓨전, 움직임이 포함된 영상 콘텐츠에는 런웨이 ML, 일상적인 툴 연동이 필요한 경우에는 어도비 파이어플라이가 적합할 수 있다. 궁극적으로 중요한 것은 도구의 기능이 아니라, 도구를 통해 구현하고자 하는 목적에 가장 적합한 도구를 선택하는 디자이너의 전략적 판단력이다.

AI 도구의 도입이 재구성한 디자인 워크플로

생성형 AI 도구의 등장은 단순히 하나의 디자인 툴을 추가하는 수준을 넘어, 디자인 워크플로 전체의 구조를 재구성하고 있다. 과거의 디자인 프로세스는 '리서치-기획-스케치-시안 제작-피드백-수정-최종 완성'이라는 순차적인 단계를 기반으로 작동했으며, 각 단계는 많은 시간과 반복적인 작업을 요구했다. 그러나 AI 도구를 활용하게 되면서 이 흐름은 병렬적이며 비선형적인 방식으로 변화하고 있다. 예를 들어, 기획 단계에서 아이디어가 떠오르지 않아도, 미드저니나 달리를 이용해 키워드 중심의 시각화 실험을 먼저 해 보며 콘셉트를 정립할 수 있다. 즉, 이제는 아이디어가 구체화되지 않았더라도, AI를 통해 빠르게 시각 자극을 얻고 역으로 창의적 방향을 설정하는 방식이 가능해졌다. 이는 아이디어의 선형 발전이라는 고정 관념을 뒤흔드는 변화다.

이러한 변화는 디자이너에게 '빠르게 시각화하고, 빠르게 판단하며, 빠르게 수정하는' 능력을 요구하게 만들었다. 과거에는 한두 가지 시안을 완성도 있게 만들고 이를 다듬는 방식이 일반적이었다면, 이제는 AI가 제공하는 수십 개의 이미지 중에서 적절한 결과물을 선별하고 그것들을 조합하거나 수정하여, 프로젝트에 맞게 큐레이션하는 능력이 훨씬 더 중요해졌다. 특히 콘텐츠 이미지 디자인에서는 결과물의 양과 속도가 중요한 경쟁 요소가 되기 때문에, AI 기반 다량 이미지 생성 → 디자이너의 판단에 의한 선별 · 정제 → 클라이언트 커뮤니케이션과 수정이라는 새로운 워크플로가 자리 잡고 있다. 즉, 디자이너는 이제 하나의 이미지를 손으로 완성하는 제작자가 아니라, 다수의 후보 이미지 중에서 목적에 부합하는 결과물을 골라내고 다듬는 연출자이자 편집자로서의 역할이 부각되고 있다.

더 나아가, 일부 고급 사용자들은 AI 툴을 단순히 이미지 생성에 활용하는 것을 넘어, 프롬프트 구조를 분석하고 커스텀 모델을 조정하며, 브랜드 특성에 맞춘 AI 생성 규칙을 만들어 가고 있다. 예를 들어, 스테이블 디퓨전에서는 특정 브랜드 색상, 인물 스타일, 오브젝트 구성을 포함한 모델 학습이 가능하고, 이를 통해 반복 생산되는 콘텐츠 이미지에 브랜드 일관성을 부여할 수 있다. 이러한 기술적 활용은 디자이너를 단순 사용자에서 AI를 설계하는 기획자로 진화시키고 있으며, 디자인의 중심이 단지 '그리는 것'에서 '구조화하고 설계하는 것'으로 전환되고 있음을 보여 준다. AI 도구의 도입은 디자인 작업을 단순화한 것이 아니라, 오히려 디자이너의 사고방식을 더욱 전략적이고 통합적인 차원으로 확장한 것이다. 이 변화는 단지 효율의 문제가 아니라, 디자인의 정의 자체를 다시 쓰게 만드는 근본적인 전환점이라 할 수 있다.

기술의 그림자와 디자이너의 주체성

생성형 AI 도구는 디자이너에게 놀라운 기회를 제공하고 있지만, 그런 동시에 그 이면에는 간과할 수 없는 한계와 문제점들도 존재한다. 가장 대표적인 것은 저작권 문제다. 대부분의 AI는 수십억 개의 이미지 데이터를 학습해 이미지 생성 모델을 훈련하는데, 이 데이터에는 특정 작가나 브랜드의 창작물이 무단 포함되어 있을 수 있다. 그로 인해 AI가 생성한 결과물이 제3자의 스타일이나 구성 요소를 무단 차용하게 되는 일이 발생하고 있으며, 실제로 몇몇 국가에서는 AI 이미지 생성 플랫폼을 상대로 저작권 침해 소송이 진행 중이다. 이처럼 AI 도구가 생산하는 결과물은 창작자의 저작권을 위협할 수 있고, 그와 동시에 사용자 또한 법적 책임을 질 위험에 노출될 수 있다. 따라서 AI 도구의 활용은 단순한 기능적 활용을 넘어서, 법적 · 윤리적 판단력까지 필요로 하는 시대가 되었다.

또한, AI는 현재로서는 여전히 의미를 이해하지 못한

채 이미지의 '형태'를 조합하는 도구에 머물러 있다. 예를 들어, '따뜻한 봄날의 가족사진'이라는 프롬프트를 입력하면 AI는 특정한 구도·색감·표정 등을 조합해 그럴듯한 결과물을 만들 수 있지만, 그 장면에 담긴 정서, 문화적 맥락, 사회적 의미까지 고려할 수는 없다. 이는 콘텐츠 이미지처럼 사람의 감정과 인식에 깊이 관여하는 시각 커뮤니케이션 분야에서 매우 중요한 한계다. 실제로 AI가 만들어 낸 섬네일이 시각적으로는 강렬하지만 콘텐츠의 핵심 주제와 동떨어져 있거나, 문화적으로 민감한 이미지를 무분별하게 활용하는 사례도 존재한다. 이처럼 AI의 이미지 생성 능력이 아무리 뛰어나다 하더라도, '무엇을 어떻게 사용할 것인가'에 대한 판단과 책임은 여전히 인간 디자이너의 몫이다.

더불어, 생성형 AI의 확산은 창작의 개념 자체를 재정의하게 만들고 있다. 과거에는 창작이란 직접 손으로 그리거나 조형하는 과정을 포함했지만, 이제는 프롬프트를 통해 수십 개의 이미지 중 하나를 선택하고 다듬는 과정까지도 창작 행위로 간주되고 있다. 이 과정에서 일부 디자이너는 자신이 창작의 주체가 아니라 알고리듬의 소비자에 불과하다는 자괴감을 느끼기도 한다. 하지만 관점을 달리하면, 디자이너는 여전히 기획하고 선택하고, 문맥을 구성하며, 결과물을 정제하는 창의의 핵심자다. 단순히 이미지를 '만드는' 것이 아니라, AI를 통해 '의미 있게 배치하는 능력', 그리고 그 안에 문화적 의도와 전략을 설계하는 능력이야말로 디자이너의 본질적 역할이라 할 수 있다. 따라서 AI 도구를 대하는 디자이너는 기술에 종속된 존재가 아니라, 기술을 능동적으로 조율하고 활용할 수 있는 설계자이자 해석자로 자리매김해야 한다.

요약하자면, AI 디자인 도구는 분명 디자이너의 업무를 변화시키고 있으며, 빠른 작업 속도와 높은 다양성이라는 장점을 제공하지만, 그만큼 법적·윤리적·창의적 책임도 함께 요구되는 시대가 되었다. 디자이너는 도구를 빠르게 익히는 것을 넘어서, 그것을 어떻게 쓸 것인가에 대한 비판적 감각, 그리고 자신만의 창작 철학을 함께 발전시켜야 한다. 기술은 점점 더 정교해지고 누구나 사용할 수 있게 되지만, 그 기술을 통해 의미 있는 결과를 만들어 내는 사람은 결국 사람 자신이다. 그렇기에 디자이너는 AI 도구의 능력을 경계하면서도, 그 가능성을 적극적으로 탐구하는 이중적 태도로 변화에 대응해야 한다. 그것이 AI 시대의 디자이너가 가져야 할 새로운 정체성이자 책임이다.

참고문헌

이지혜(2024). ≪생성형 AI를 활용한 Generative Design 트렌드≫. 한국디자인진흥원.

전소영 외(2025). "AI의 단계적 워크플로우를 통한 멀티버스 컨셉 광고 제작 프로젝트". 《한국HCI학회 학술대회》, 2025(2), 1588~1593쪽.

Cohn, G.(2022.9.2). An A.I.-Generated picture won an art prize. Artists aren't happy. *The New York Times.* https://www.nytimes.com/2022/09/02/technology/ai-artificial-intelligence-artists.html

McCormack, J. et al.(2019). Autonomy, authenticity, authorship and intention in computer generated art. doi:10.48550/arXiv.1903.02166

03
AI 기반 콘텐츠 이미지 디자인 프로세스

AI를 디자인 프로세스에 접목하여 어떻게 콘텐츠 이미지 제작의 효율성을 높일 수 있는지 알아본다. 구체적으로, AI가 초기 구상부터 이미지 제작에 이르는 단계에서 어떤 역할을 하는지 살펴본다.

AI와 난임 극복?

기술의 그림자와 디자이너의 주체성

전통적인 콘텐츠 이미지 디자인은 아이디어 구상에서부터 시각적 시안 제작과 수정, 완성에 이르기까지 일련의 선형적 과정을 따르는 것이 일반적이었다. 디자이너는 텍스트 기획 또는 영상 콘셉트와 같은 콘텐츠의 주제를 바탕으로 직접 레퍼런스를 수집하고, 스케치를 거쳐 시각적 구조를 설정하며, 반복적인 수정을 통해 완성도를 높이는 방식을 취해 왔다. 그러나 생성형 AI 도구가 콘텐츠 이미지 제작에 도입되면서, 이 과정은 '텍스트 기반 입력 → 이미지 생성 → 결과물 조율'이라는 새로운 흐름으로 대체되고 있다. 특히 콘텐츠 이미지에서 중요한 시각적 흡입력과 메시지 전달력을 동시에 확보해야 한다는 과제 속에서, AI는 디자이너에게 빠르고 다채로운 비주얼 실험 환경을 제공하고 있다.

콘텐츠 이미지는 단순한 시각 장식이 아니라, 그 자체로 사용자의 행동을 유도하거나 콘텐츠의 핵심 메시지를 시각적으로 요약하는 커뮤니케이션 수단이다. 예를 들어, 유튜브 섬네일은 1~2초 안에 클릭을 유도해야 하며, 인스타그램 콘텐츠 이미지는 정지된 이미지 한 장으로 이야기를 전달해야 한다. 이처럼 짧은 시간 내 주목을 끌어야 하는 환경에서는 기존의 수작업 기반 이미지 설계보다, AI를 활용한 빠른 시각화 실험이 현실적이고 전략적인 선택이 되었다. 미드저니나 달리 2 같은 도구는 "긴장감을 유도하는 어두운 색감의 액션 장면", "밝은 톤의 유쾌한 캐릭터 중심 이미지"처럼 감정 중심 프롬프트에도 반응하며, 시안 생성 속도에서 디자이너의 손보다 수십 배 빠르게 결과를 제시한다.

중요한 것은 이 과정에서 디자이너가 'AI에게 무엇을 어떻게 요청할 것인가(프롬프트 설계)'이며, 이 프롬프트가 곧 시각적 결과물의 방향성을 결정하는 핵심 도구가 되었다는 점이다. '시작점으로서의 스케치'는 이제 '의도를 구조화한 텍스트 명령어'로 대체되었고, 디자이너는 텍스트 기반의 언어적 창의력을 통해 시각 결과물을 이끌어 내는 방식으로 사고를 전환하고 있다. 따라서 콘텐츠 이미지 제작에서의 AI 활용은 단순히 이미지를 만드는 과정을 바꾼 것이 아니라, 디자이너의 창작 언어를 시각 이미지로 번역하는 기술적 기반을 형성하고 있다. 이는 시각 디자인이 이제 비주얼 중심의 조작만이 아니라, 텍스트-의도-결과 간의 해석과 조율 능력까지 포함하는 영역으로 확장되었음을 보여 준다. 결국 AI는 콘텐츠 이미지 제작에서, 디자이너가 무엇을 표현하고 싶은가에 대한 물음을 구체적이고 빠르게 시각화해 주는 협업자가 되고 있으며, 그 과정 자체가 디자인의 새로운 프로토콜로 자리 잡아 가고 있다.

생성된 이미지를 조율하고 브랜드에 맞게 정제하는 디자이너의 역할

생성형 AI가 제공하는 이미지는 출발점으로서 매우 유용하지만, 그것이 곧바로 콘텐츠 이미지로 완성되는 경우는 드물다. 대부분의 AI 결과물은 미적인 완성도는 뛰어나지만, 콘텐츠의 목적, 브랜드의 정체성, 전달하려는 메시지의 맥락과는 다소 어긋날 수 있는 부분이 존재한다. 이때 디자이너의 역할은 단순한 선택자가 아니라, AI 결과물을 분석하고 편집하며 전략적으로 조율하는 시각 커뮤니케이션의 기획자이자 큐레이터로 확장된다. 예를 들어, AI가 생성한 섬네일 이미지가 지나치게 복잡하거나, 색상이 브랜드의 톤 앤드 매너와 맞지 않거나, 전달하려는 감정과 반대의 분위기를 형성하고 있을 경우, 디자이너는 그 이미지의 구도, 색상, 인물 배치 등을 다시 조정하거나 아예 재생성을 요구해야 한다.

특히 콘텐츠 이미지에서는 디테일과 문맥이 중요하다. 이미지 한 장에 등장하는 사물의 의미, 시선의 흐름, 텍스트 배치의 위치, 여백의 활용 등은 모두 사용자의 인지 흐름과 감정 반응에 영향을 준다. 하지만 AI는 이러한 요소를 '의도적으로 설계'하지 않고, 확률 기반의 데이터 조합으로 구성한다. 따라서 디자이너는 AI가 만든 결과물 속에서 디자인의 맥락을 해석하고, 메시지의 전달력을 극대화하기 위해 필요 요소를 강조하거나 제거하는 역할을 맡게 된다. 이를 위해 포토샵, 일러스트레이터, 피그마(Figma) 등의 기존 툴로 다시 불러와 구체적인 디테일을 다듬는 AI 결과물 보정 작업이 이어진다. 이때 중요한 것은 단순히 시각적으로 '예쁜' 이미지가 아니라, 콘텐츠의 주제에 적합하고 사용자와의 상호 작용을 고려한 전략적 비주얼로 완성하는 것이다.

또한 브랜드 콘텐츠의 경우, 일관된 시각 언어의 유지가 중요하다. 예를 들어 한 브랜드의 SNS 채널에서 AI를 사용했을 때 매번 이미지 스타일이 들쭉날쭉 바뀐다면, 브랜드의 신뢰성과 아이덴티티 전달력이 떨어질 수 있다. 이를 방지하기 위해 디자이너는 AI 생성 이미지에 스타일 가이드라인을 적용하고, 반복 가능한 시각 시스템을 구축해야 한다. 스테이블 디퓨전과 같은 툴은 사용자의 커스텀 모델을 학습시켜 일관된 결과를 생성할 수 있으며, 미드저니도 특정 프롬프트 스타일을 저장하여 이미지의 감정 톤이나 구성 패턴을 유지할 수 있다. 이러한 반복성 확보를 통해 콘텐츠 이미지는 '일회성 시안'이 아니라, 브랜드 정체성과 전략을 지속적으로 반영하는 비주얼 언어로 기능할 수 있게 된다.

요약하자면, 생성형 AI는 콘텐츠 이미지 제작에서 빠르고 다양한 시안을 제공하는 데에 탁월하지만, 최종 결과물의 완성도와 적합성을 확보하는 것은 여전히 디자이너의 전문 역량에 달려 있다. 디자이너는 AI가 만들어 낸 무수한 이미지 중에서 전달하고자 하는 가치와 메시지를 감각적으로 판별하고, 이를 시각적으로 구체화하는 해석자이자 조율자다. 이는 단순한 후반 보정 작업이 아니라, 콘텐츠의 전략, 맥락, 정서, 문화적 반응까지 고려한 고차원적 큐레이션 과정이며, 콘텐츠 이미지가 소비자의 인식 속에 효과적으로 각인되도록 만드는 핵심적 단계다. AI가 만들어 낸 재료를 사용하되, 그것을 디자인으로 완성하는 것은 결국 사람의 손과 시선이라는 사실은 여전히 유효하다.

반복 가능한 시스템과 협업 워크플로의 재구성

콘텐츠 이미지 디자인은 특성상 한두 개의 이미지로 끝나지 않는다. 브랜드의 SNS 운영, 영상 채널 섬네일, 온라인 광고용 배너 등은 대부분 정기적이고 반복적인 이미지 제작을 요구하며, 매번 새로운 비주얼을 동일한 콘셉트와 퀄리티로 재현해야 하는 과제가 존재한다. 이때 AI는 콘텐츠 이미지 제작의 반복성과 정형성을 해결할 수 있는 시스템적 도구로 주목받는다. 예를 들어, 특정 브랜드의 톤과 스타일을 반영한 프롬프트 템플릿을 만들어 놓으면, 매주 다른 제품이나 주제를 다룰 때에도 유사한 시각적 톤을 유지하며 새로운 이미지를 빠르게 생성할 수 있다. 이는 디자이너가 매번 모든 과정을 처음부터 설계하지 않고 AI를 통한 이미지 생성 프로세스를 '디자인 시스템'으로 전환하는 기반이 된다.

스테이블 디퓨전과 같은 AI는 사용자 맞춤형 커스텀 모델을 학습할 수 있기 때문에, 특정 브랜드의 캐릭터, 색상, 폰트 스타일 등을 반영한 브랜드 전용 AI 생성기로 진화시킬 수 있다. 이때 디자이너는 모델 트레이닝 과정에서 시각 언어를 데이터로 구조화하고, 그 결과물을 검토하며 모델의 반응을 조정하는 역할을 맡는다. 예를 들어, 하나의 교육 브랜드가 항상 밝고 긍정적인 분위기의 일러스트 이미지를 사용하는 경우, 그 특징을 학습시킨 AI 모델은 콘텐츠 주제에 따라 '밝음'을 유지하면서도 다양한 조합의 결과물을 만들어 낸다. 이와 같은 시스템은 단지 시간을 줄이는 차원을 넘어, 브랜드 정체성을 시각적으로 자동화하고 표준화하는 도구로 활용될 수 있다.

이 과정에서 중요한 변화는 디자이너의 역할이 '이미지를 만드는 사람'에서 '이미지 제작 시스템을 설계하고 관리하는 사람'으로 바뀌고 있다는 점이다. 프롬프트 라이브러리를 구축하고, 팀 내 디자이너들과 공유하며, 그 결과물을 관리하고 분류하는 일은 이제 콘텐츠 디자인의 일상적인 실무가 되고 있다. 특히 콘텐츠 마케팅 팀, 디지털 영상 팀, 개발 팀 등과 협업할 때, AI 도구는 모든 팀원에게 동일한 스타일 가이드와 시각적 기준을 빠르게 전달하는 데에 효과적이다. 예를 들어, 같은 프롬프트 구조를 기반으로 섬네일과 배너, 인스타그램 카드 이미지를 동시에 생성할 수 있으며, 각 플랫폼에 맞는 최적화 버전으로 변환하는 것도 AI 편집 기능을 활용해 자동화할 수 있다. 이는 AI가 협업 워크플로의 중심에 들어섰음을 의미하며, 과거에는 디자이너가 하나씩 수정해야 했던 디테일들이 이제는 시스템 안에서 처리된다.

또한, 생성형 AI는 다양한 부서 간의 협업에서 공통 언어로서의 역할도 하고 있다. 콘텐츠 기획자나 마케팅 담당자가 디자인 지식이 부족하더라도, 간단한 프롬프트만으로 시각 아이디어를 제시하거나 실험할 수 있게 되면서, 의사소통의 속도와 정확성이 크게 향상되었다. 이는 디자인 과정에서의 피드백 사이클을 줄이고, 디자이너가 더 전략적인 설계와 조율에 집중할 수 있도록 해 준다. 요약하자면, 콘텐츠 이미지 디자인의 반복성과 다양성을 동시에 만족시키기 위해, AI는 단순한 '이미지 생성기'를 넘어, 디자인 운영 시스템이자 팀 간 협업의 허브 역할을 수행하고 있으며, 이로 인해 디자이너는 이제 단독 창작자가 아니라, AI 기반 시각 커뮤니케이션을 운영·관리하는 디렉터의 위치로 이동하고 있다.

창작 주체로서의 디자이너, AI와의 공존을 설계하다

생성형 AI의 도입은 단순히 도구 하나가 바뀐 것이 아니라, 디자이너의 창작 철학과 직업 정체성 전반을 재구성하는 계기가 되고 있다. 콘텐츠 이미지 디자인은 감각적 판단과 전략적 시각화, 문화적 해석이 융합되는 영역으로, AI가 단독으로 수행하기에는 여전히 한계가 많다. AI는 데이터를 기반으로 한 '유사성의 시각화'에는 강하지만, 콘텐츠가 전하고자 하는 맥락적 의미와 정서적 울림을 제대로 파악하지 못한다. 예를 들어, '가족의 상실을 다룬 콘텐츠'의 섬네일 이미지를 생성한다고 할 때, AI는 관련 키워드에서 추출한 이미지 요소를 조합할 수는 있지만, 그 슬픔이 지닌 깊이나 문화적 특수성까지 반영하지는 못한다. 이런 영역은 여전히 디자이너의 해석력, 감정의 번역 능력, 시각 언어화 역량이 핵심이 되는 창작의 본질이다.

더욱이 콘텐츠 이미지 디자인에서는 콘텐츠의 정체성과 연결되는 창의적 주관이 중요하다. AI 도구가 제공하는 결과물은 유용한 '재료'일 뿐, 그것을 어떤 방향으로 구성하고 정리하며, 어떤 메시지를 강조할지를 결정하는 것은 디자이너의 몫이다. 디자이너는 프롬프트를 입력할 때조차 단지 키워드를 나열하는 것이 아니라 감정, 문화 코드, 브랜드 아이덴티티, 시청자 반응 예측 등 복합적인 요소들을 전략적으로 조합해야 한다. 이처럼 AI를 제대로 활용하기 위해서는 기술적 숙련도만이 아니라 창의적 기획력과 해석력, 그리고 콘텐츠 소비자의 감수성을 예측하는 공감 능력이 점점 더 중요해지고 있다. 다시 말해, 디자이너는 단지 이미지를 '만드는 사람'에서, 이미지를 통해 메시지를 설계하고 반응을 유도하는 창의적 기획자로서 진화하고 있는 것이다.

이 과정에서 요구되는 디자이너의 핵심 역량은 AI 리터러시와 감성적 해석 능력의 균형이다. AI 리터러시란 단순히 툴을 다루는 기술이 아니라 생성 원리, 학습 방식, 한계와 오류 가능성에 대한 이해를 포함한다. 디자이너는 AI가 왜 이런 결과를 생성했는지를 이해하고, 그것이 사용자나 브랜드에 맞지 않는 이유를 설명할 수 있어야 한다. 그와 동시에, 결과물의 감정적 무드와 시각적 상징이 콘텐츠 전체와 조화를 이루는지 파악하는 감성적 안목도 요구된다. 예컨대, 미드저니의 결과물 중 특정 장면이 너무 과장되어 콘텐츠의 진정성을 해칠 수 있다면, 이를 판단하고 조율하는 것은 오직 인간 디자이너의 문화적 맥락 해석 능력에 달려 있다.

결국, AI 중심의 디자인 프로세스는 디자이너가 단순 생산자에서 창작 시스템의 설계자이자 해석자로 전환되는 시대를 열고 있다. 이 변화는 디자이너에게 위기가 아니라 창작의 지평을 확장하는 기회가 된다. 과거에는 시간과 비용의 한계로 시도할 수 없었던 이미지 스타일 실험, 감정 기반의 시각 실험, 인터랙티브 콘텐츠 시안 설계 등을 이제는 AI의 도움을 받아 더 폭넓게 시도할 수 있다. AI는 디자이너의 손을 대신하는 것이 아니라, 새로운 상상력을 시험하는 확장된 공간이며, 이 속에서 디자이너는 자신의 정체성과 세계관을 더 풍부하게 표현할 수 있게 된다. 즉, AI와의 공존은 디자이너의 창작 도구를 확장할 뿐 아니라 디자이너 스스로가 '무엇을 창조하는 존재인가'를 재정의하게 하는 철학적 전환인 것이다.

참고문헌

박성연·허정윤(2024). "생성형 AI를 활용한 창작 과정에서 사용자 의도 반영을 고려한 이미지 변형 기능의 인터랙션 디자인 연구". 《산업디자인학연구》, 18(1), 15~31쪽.

성락천·김소현(2024). "인공지능 생성 콘텐츠 기술을 적용한 공간디자인 프로세스에 관한 연구". 《한국공간디자인학회논문집》, 19(3), 533~544쪽.

양숙경·김승인(2025). "디지털 콘텐츠 제작의 AI 혁신: 파이어플라이(Firefly), 코파일럿(Copilot), 미드저니(Midjourney), 뤼튼(Wrtn)을 중심으로". 《산업진흥연구》, 10(2), 97~108쪽.

최원준(2024). "생성형 인공지능을 활용한 공공시설물 디자인 프로세스". 청주대학교 대학원 석사학위 논문.

한승민 외(2024). "인쇄 미디어 콘텐츠 산업의 이미지 제작 과정에서 생성형 AI 서비스 활용 방안: 사용자 집단의 특성을 중심으로". 《디자인융복합연구》, 23(1), 1~24쪽.

04
AI 창의성 증폭 방법

AI는 단순한 보조 도구가 아니라 창작의 한계를 확장하는 도구가 될 수 있다. 콘텐츠 이미지 제작에서 AI가 창의적인 아이디어를 제시하거나, 기존 이미지에 변형을 주어 독창적인 작품을 만드는 방법을 제시한다.

AI와 사주?

AI는 창작을 대체하는가, 아니면 확장하는가

디자이너가 AI를 마주할 때 가장 먼저 떠올리는 질문 중 하나는 "AI가 나를 대체할 것인가?"라는 두려움이다. 특히 생성형 AI가 사람처럼 이미지를 만들고, 텍스트를 요약하고, 음악을 작곡하는 모습을 보며 많은 이가 "인간의 창의성이 더는 필요 없는 시대가 오는 것은 아닐까?"라는 위기감을 느끼곤 한다. 그러나 이러한 인식은 AI를 '완성된 결과물의 제공자'로만 바라볼 때 생기는 오해다. 최근의 디자인 실무에서는 오히려 AI가 창의성을 대체하기보다는 새로운 방식의 창의적 사고를 촉진하고 확장하는 자극 요소로 작동하고 있다. 디자이너가 마주한 문제를 단순히 해결하는 것이 아니라, 그 문제를 다른 관점으로 재구성하게 하고, 예측하지 못한 결과물을 통해 새로운 아이디어의 가능성을 제시함으로써 창작자의 두뇌를 다시 움직이게 만드는 계기를 제공하는 것이다.

예를 들어, 디자이너가 하나의 키워드로 미드저니에 프롬프트를 입력했을 때, 예상과 다른 결과물이 나오는 경우가 있다. 처음에는 무관한 이미지처럼 보이지만, 디자이너는 그 속에서 구조적 유사성이나 감정적 연상을 발견하고 이를 바탕으로 전혀 새로운 구성의 콘텐츠를 구상하게 된다. 즉, AI는 발상 도구(ideation tool)로서 기존의 레퍼런스를 벗어난 영역을 탐색하게 하고, 창의적 블록에서 벗어나는 계기가 된다. 이는 기존의 창의성 개념이 '완전히 새로운 것을 만들어 내는 능력'이라는 정의를 넘어 관점의 확장, 조합, 재해석 능력으로 진화하고 있음을 보여 준다. 디자이너는 이제 빈 종이 앞에서 모든 것을 새로 그리는 존재가 아니라, AI가 만들어 내는 '의외성의 편집자'이자 '의도와 무의도의 조율자'로서의 역할을 수행하게 되는 것이다.

특히 콘텐츠 이미지 디자인에서는 '무난한 선택'보다 '눈에 띄는 실험'이 더욱 중요하게 여겨지는데, AI는 바로 이러한 시각 실험을 빠르고 다양하게 반복할 수 있는 실험실의 역할을 해 낸다. 예를 들어, "폐허 속에서 핑크색 우산을 든 소녀" 같은 비논리적 조합을 AI에게 입력하면, 사람이라면 시도하지 않았을 비주얼의 가능성이 펼쳐진다. 이런 이미지들은 디자이너가 논리적으로 설계한 레이아웃과 결합될 때 훨씬 입체적인 콘텐츠 이미지로 발전할 수 있으며, 디지털 콘텐츠 시장에서는 그 자체로 '소구력 있는 감성적 자극'이 된다. 이처럼 AI는 단순한 도식적 변형의 도구를 넘어, 기성의 논리로는 접근할 수 없는 창의적 충돌과 예외의 영역을 제공함으로써 창작자의 직관을 확장한다.

따라서 우리는 생성형 AI를 더는 단순한 제작 자동화 도구로만 보아서는 안 된다. AI는 디자이너의 의도를 대신하거나 평가할 수는 없지만, 의도 바깥의 예측 불가능한 실험 결과를 제공함으로써 창의적 선택지를 늘리는 조력자가 된다. 이러한 특성은 콘텐츠 이미지 디자인에서 매우 유용하다. 왜냐하면 콘텐츠 소비자는 점점 더 많은 이미지 속에서 새로운 시각적 충격이나 감정의 전환점을 요구하고 있기 때문이다. 결국 AI는 인간의 창의성을 위협하는 존재가 아니라, 그 창의성을 자극하고 도전하게 하며 시험할 수 있게 하는 상상력의 프레임이다. 디자이너는 이를 통해 더욱 유연한 사고를 실천하며, 오히려 AI 없이는 도달하지 못했을 아이디어에 다다르게 된다. 이것이 바로 'AI와의 공창(共創, co-creation)' 시대가 디자이너에게 요구하는 새로운 창작 방식이다.

AI와 디자이너의 새로운 역할 분담

최근의 콘텐츠 이미지 제작 현장은 AI를 하나의 도구나 옵션이 아닌, 창작 파트너로 받아들이는 방향으로 변화하고 있다. 특히 대기업의 브랜드 마케팅 부서나 크리에이티브 에이전시에서는 AI를 실험적으로 도입해 이미지 기획과 프로토타이핑의 효율을 높이고 있다. 예를 들어,

글로벌 패션 브랜드인 발렌시아가는 미드저니를 활용해 미래적 콘셉트의 이미지 보드를 제작한 뒤, 이를 기반으로 캠페인 비주얼을 기획한 바 있다. 이러한 방식은 단순한 이미지 생성이 아니라, 디자이너가 AI가 제안한 예측불허의 이미지 조합을 해석하고 브랜드 톤과의 연결 가능성을 탐색하며, 새로운 콘셉트를 유연하게 설계하는 데에 활용된다.

이와 같이 AI는 디자인 초기 단계에서 풍부한 시각적 아이디어의 원천이 되며, 특히 빠르게 아이디어를 시각화해야 하는 실무 현장에서 효율성을 극대화할 수 있다. 예컨대 콘텐츠 마케터가 "지루한 일상을 깨는 신선한 시각 자극"이라는 브리핑만 전달하더라도, 디자이너는 이에 맞춰 다양한 프롬프트 조합을 통해 수십 장의 이미지 시안을 확보할 수 있다. 이 과정에서 디자이너는 단순한 생성자가 아니라, 주어진 메시지의 해석자이자 시각적 큐레이터로서의 역할을 수행하게 된다. AI가 만들어 낸 시각 언어는 명확하지 않기 때문에, 디자이너는 브랜드의 정체성, 타깃 소비자의 감성, 콘텐츠 배포 플랫폼의 특성 등을 고려해 의미의 방향을 재조정하고, 핵심 요소를 선별·편집하는 전략을 펼친다.

또 하나 주목할 변화는, 디자이너가 AI 도구의 알고리듬적 특징과 한계를 이해하고 이를 전략적으로 활용하기 시작했다는 점이다. 예를 들어, 달리는 개체 중심의 이미지 구성이 강하고, 스타일을 반복적으로 재현하는 데는 다소 불안정한 반면, 미드저니는 구성과 조명의 드라마틱한 조율에 능숙하다. 이러한 도구 간의 차이를 이해한 디자이너는 콘셉트 유형에 따라 툴을 선택하거나 병용하여 창의 전략을 구사한다. 특히 신제품 론칭 캠페인이나 계절 테마 콘텐츠처럼 감정적 몰입을 유도해야 하는 콘텐츠의 경우, AI 툴이 제시하는 다양한 감정적 스펙트럼을 통해 디자이너는 기존 스타일의 한계를 벗어난 이미지 실험을 시도할 수 있다. 이처럼 AI는 디자이너의 '디폴트 값'을 흔들며, 더욱 과감한 시도와 구성의 다양성을 부여하는 창작의 파트너로 자리 잡고 있다.

실무적으로도 AI는 디자이너에게 창작의 여백을 확보해 주는 역할을 한다. 반복적인 요소 디자인이나 패턴 생성, 섬네일 시안 제작 등 시간과 에너지가 많이 드는 작업을 AI가 빠르게 처리함으로써, 디자이너는 더욱 고차원적이고 전략적인 창의 작업에 집중할 수 있게 된다. 즉, 디자이너는 '만드는 사람'이 아니라 '선택하고 기획하며 조율하는 사람'으로 변화하고 있다. 이는 기존의 수작업 기반 디자인에서 벗어나, '선택-재구성-해석' 중심의 창의 전략이 부상하고 있음을 의미한다. 그리고 이 전략은 콘텐츠 이미지 디자인에서 점점 더 중요한 역할을 차지하게 될 것이다. 왜냐하면 이미지 소비자는 이미 '완성된 미학'보다는 '의미 있는 감각적 경험'을 원하고, 이 경험은 단순한 AI 자동화로는 구현될 수 없기 때문이다.

요약하자면, 실무 현장에서 AI는 디자이너의 '조력자'가 아닌 공동 창작자(co-creator)로 작동하고 있다. 디자이너는 AI가 던지는 무작위성 속에서 의미를 발굴하고, 브랜드 메시지에 부합하는 창의적 전략을 설계하는 창작의 해석자로 진화하고 있다. AI의 등장으로 단순 제작은 빠르고 효율적으로 해결되지만, 콘텐츠 이미지의 최종 결정권은 여전히 디자이너의 철학과 직관, 그리고 스토리텔링 역량에 달려 있다. 이 균형 속에서 디자이너는 AI와 함께 더 넓은 창의적 가능성을 열어 갈 수 있다.

AI가 유도하는 창의적 도전과 디자이너 사고 구조의 확장

생성형 AI의 가장 흥미로운 기능 중 하나는, 디자이너가 시도하지 않을 조합을 제안한다는 점이다. 이는 단순한 예외적 결과나 오류가 아니라, 오히려 '고정 관념을 흔드는 시각적 충격'을 통해 디자이너의 사고를 확장하는 방식으로 작동한다. 예를 들어, 디자이너가 "자연 친화적인 도시 공간"이라는 개념을 시각화하기 위해 미드저니에 프롬프트를 입력했을 때, AI는 종종 현실의 건축 질서나 식물 배치 규칙을 무시한 형태를 제시한다. 이 결과는 현실적으로는 불가능하거나 비논리적일 수 있지만, 바로 그 지점에서 디자이너는 "왜 이 구성이 이상하게 느껴지는가?", "어떤 감정이 유발되는가?", "이 구조를 재해석하면 무엇이 가능해질까?"라는 질문을 하게 되고, 이는 곧 새로운 디자인 시각화의 출발점이 된다.

이런 방식은 기존 디자인 교육에서 강조되던 '정확성'이나 '기능적 정당성'을 넘어, 디자이너의 직관과 실험정신을 강화하는 훈련으로 작동한다. 즉, AI가 만들어내는 '의외성'은 단순히 놀라움에서 끝나는 것이 아니라, 그것을 어떻게 의미화하고 어떻게 해석하여 자신의 아이디어로 끌어들일 것인가를 고민하게 만드는 계기다. 이 과정은 마치 작가가 낯선 문장을 받아들이고 그것을 새로운 문맥 안에서 편집하는 편집자적 시선과 유사하다. 특히 콘텐츠 이미지 디자인에서는 이러한 '해석의 창의성'이 더욱 중요하다. 왜냐하면 콘텐츠는 고정된 이미지가 아니라, 매체와 관객, 맥락에 따라 끊임없이 의미가 변화하는 시각적 언어이기 때문이다. AI는 이처럼 가변적이고 다의적인 이미지 생성의 기반을 제공하고, 디자이너는 그 불확정성을 창조적 가능성으로 환원하는 해석자 역할을 맡게 된다.

이와 관련해 디자이너의 사고 구조에서도 뚜렷한 변화가 일어나고 있다. 기존의 디자인 사고는 일반적으로 '문제 정의-아이디어 스케치-시각적 구체화'의 선형적 구조를 따랐다면, AI의 도입 이후에는 '시각적 샘플-발상 확장-의미 조정-응용 전개'의 비선형적 · 순환적 창작 사고가 중심이 되고 있다. 디자이너는 이제 머릿속의 개념을 이미지로 옮기는 데만 집중하지 않고, AI가 생성한 시각 데이터를 통해 반대로 아이디어를 도출하고, 그 결과에 대해 감성적 · 논리적 피드백을 지속적으로 주는 쌍방향적 창작 구조에 익숙해지고 있다. 이로 인해 디자인은 하나의 정답을 찾는 것이 아니라, '의미 있는 조합'을 끝없이 탐색하는 과정으로 재정의되고 있다.

또한 이러한 AI 기반 창의 사고는 문제 해결 방식 자체의 재구성을 유도한다. 기존에는 문제가 발생했을 때, 디자이너가 유사 사례나 경험적 직관에 기반하여 해결 방향을 제시했다면, AI를 활용하는 현재의 방식에서는 문제 자체를 새롭게 바라보는 질문을 던지는 전략이 중요해졌다. 즉, "이 문제를 어떻게 해결할 것인가?"에서

"이 문제를 어떤 방식으로 새롭게 정의할 수 있을까?"로 질문의 성격이 바뀌는 것이다. 이처럼 AI는 디자이너에게 단지 작업을 빠르게 해 주는 도구가 아니라, 문제를 해체하고 재구성하게 만드는 창의적 사고 촉진제로 기능한다. 콘텐츠 이미지 디자인에서 이는 매우 중요하다. 왜냐하면 시청자 또는 소비자가 이미지로부터 느끼는 '의외성', '신선함', '참신함'은 모두 이러한 재정의에서 출발하기 때문이다.

따라서 생성형 AI는 단순히 반복 작업을 대체하는 효율적 장비가 아니라, 디자이너의 사고 구조를 유연하게 만들고 실험의 허용 범위를 넓히며 문제의 접근법 자체를 확장하는 존재다. 그리고 이런 변화를 주도하는 디자이너는 AI를 훈련시키고 피드백하며 의미를 재구성하는 전문가로 성장한다. 창작의 주도권은 여전히 디자이너에게 있으며, AI는 그 주도권을 시험하고 다듬게 만드는 철학적 거울이다. 이 새로운 공존 방식 속에서 디자이너는 단지 '예술가'나 '기술자'가 아니라, AI를 매개로 의미를 재구성하는 창조적 전략가로 자리 잡고 있다.

AI 시대 디자이너의 창의 전략과 실천적 태도

지금까지 살펴본 것처럼 AI는 단순한 도구나 자동화 시스템을 넘어서, 디자이너의 사고를 유도하고 실험을 자극하며 창의적 가능성을 확장하는 존재로 진화하고 있다. 하지만 이러한 창의성 증폭은 자동적으로 주어지지 않는다. 오히려 디자이너가 AI를 능동적으로 받아들이고, 그것의 작동 원리와 생성 논리를 충분히 이해할 때에만 창의적 효과가 발휘된다. 이는 마치 새로운 언어를 익히듯, AI의 시각 언어를 해석하고 사용하는 법을 학습해야 한다는 뜻이다. 예를 들어, 프롬프트 엔지니어링은 단순한 명령어 입력이 아니라, 디자이너의 시각적 사고를 텍스트로 번역하는 고급 전략이다. 이 전략을 효과적으로 구사할 수 있을 때, 디자이너는 AI와 협력하는 창작의 주체로 자리매김할 수 있다.

이러한 전환을 위해 디자이너는 몇 가지 창의적 실천 전략을 수립할 필요가 있다.

첫째, 디자이너는 AI를 활용하는 데서 단순한 결과물 수용자가 아니라 의미의 조정자이자 전략적 편집자가 되어야 한다. 생성된 이미지의 형식이나 내용이 마음에 들지 않더라도, 그 안에 내포된 감성적 구조, 시각적 패턴, 기이한 조합 속에 숨겨진 창의적 가능성을 읽어 내고, 이를 자신의 콘셉트에 맞춰 재구성하는 '감각적 재해석 능력'이 요구된다.

둘째, 반복적 실험과 실패를 두려워하지 않는 탐색 기반의 창의 사고 태도가 필요하다. AI는 언제나 예측 가능한 결과만을 제시하지 않기에, 디자이너는 불확실성을 환영하고 우연에서 기회를 발견하며 실험에서 통찰을 추출하는 유연한 창의 시스템을 자신의 사고 안에 장착해야 한다.

셋째, 디자이너는 AI의 기술적 구조와 발전 방향에 대한 '기초적인 기술 리터러시(AI literacy)'를 갖추어야 한다. 이는 AI 툴 자체를 개발하거나 엔지니어 수준으로 이해하라는 것이 아니라, 각 툴의 시각적 출력 방식, 데이터 훈련 구조, 알고리듬 편향성 등에 대해 기본적인 맥락적 이해를 갖는 것을 의미한다. 예를 들어, 특정 AI가 인물 이미지를 생성할 때 특정 인종이나 성별에 편중된 결과를 내보인다면, 그 이유를 파악하고 이를 극복할 수 있는 시도(예: 프롬프트 수정, 리터칭, 편집 방향 설정 등)를 해야 한다. 이러한 기술적 감수성과 리터러시는 콘텐츠 이미지 디자인에서 특히 중요한데, 이는 디자인의 윤리성과 다양성을 AI를 통해 어떻게 실현할 것인가라는 문제와 직결되기 때문이다.

넷째, 디자이너는 팀 내외의 다양한 전문가와 소통하며 AI를 활용한 창의적 협업 모델을 주도적으로 설계해야 한다. 콘텐츠 이미지 제작은 단순한 개인 작업이 아니라, 기획자, 영상 편집자, 마케터 등 다양한 협업자와 연결된 종합적 시스템 안에 존재한다. 이 과정에서 디자이너는 AI의 이미지 생성 과정을 이해시킬 수 있는 커뮤니케이션 능력, 생성된 결과물을 분석하고 공유할 수 있는 시각적 설명 능력, 그리고 전체 브랜드 톤을 유지하면서 실험할 수 있는 전략적 조율 능력을 갖추어야 한다. 다시 말해, AI 시대의 디자이너는 시각 창작자일 뿐만 아니라 협업 설계자이자, 공감의 기술자, 그리고 의미의 조율자로서의 정체성을 발전시켜야 한다.

종합하자면, AI는 디자이너의 창의성을 위협하는 존재가 아니라, 창의적 훈련과 전략적 사고를 유도하는 매개체다. 그리고 진정한 창작의 주체는 여전히 인간이다. AI는 끊임없이 결과를 제공하지만, 그 결과를 해석하고 연결하고 확장하는 것은 디자이너의 몫이다. 이제 디자이너는 '이미지 제작자'에서 'AI와 함께 창의적 구조를 설계하는 전략가'로 나아가야 한다. 이를 위해서는 AI에 대한 기술적 이해, 감각적 유연성, 의미 편집 능력, 협업 소통 능력이라는 네 가지 역량을 지속적으로 강화해야 하며, 이는 단순한 기술 습득을 넘어 창작 철학의 진화를 요구하는 일이다.

이러한 시대에 진정으로 필요한 디자이너는, AI가 만든 이미지를 '사용'하는 사람을 넘어서, AI를 통해 창의성을 '이끌어 내는' 사람이다.

참고문헌

박대혁(2025). "AI를 활용한 창의적 영상 광고 제작 프로세스: 대학 학과 영상 광고 사례를 중심으로". 《디지털콘텐츠학회논문지》, 26(2), 347~357쪽.

송시형(2024). "인공지능(AI)이 문화콘텐츠와 미디어 산업에 미치는 영향: 창의적 생산과 산업적 변화를 중심으로". 《사회적질연구》, 8(4), 69~91쪽.

영의·구자준(2025). "이미지 생성 AI의 정확성과 창의성이 사용자의 지속 사용 의도에 미치는 영향: Midjourney를 중심으로". 《커뮤니케이션디자인학연구》, 91, 295~311쪽.

05
AI 콘텐츠 이미지 디자인 툴 소개

디자이너들이 실무에서 활용할 수 있는 다양한 AI 도구(예: 미드저니, 달리, 플레이그라운드, 이마젠 3 등)을 소개하고, 각각의 툴이 콘텐츠 이미지 제작에 어떻게 특화되어 있는지 설명한다.

AI와 아이돌?

실무에 도입되는 AI 이미지 툴의 환경과 필요성

최근 몇 년 사이, 디자인 업계는 급격하게 변화하는 기술 환경에 적응해야 하는 과제를 안고 있다. 특히 콘텐츠 중심의 이미지 디자인에서는 빠른 기획, 시각적 실험, 반복 생성, A/B 테스트가 매우 중요한 요소가 되었으며, 이 과정에서 인간 디자이너가 모든 단계를 수작업으로 수행하기란 현실적으로 불가능에 가깝다. 이에 따라 등장한 것이 바로 AI 기반 이미지 생성 툴들이다. 미드저니, 달리, 이마젠(Imagen), 플레이그라운드 AI(Playground AI) 등의 도구는 단순한 이미지 생성 기능을 넘어서, 콘셉트 발상-시각화-적용 시뮬레이션에 이르는 전반적인 디자인 사고를 가속화하는 실질적 도구로 자리 잡고 있다. 이러한 변화는 단순한 기술 채택을 넘어 디자인 조직 구조, 업무 방식, 창작 전략 자체를 전환하는 촉매제로 작동하고 있다.

특히 실무에서 요구되는 콘텐츠 이미지는 더는 '아름다운' 이미지에 머무르지 않는다. 이제 소비자의 시선을 끌고 스크롤을 멈추게 하며 감정적으로 반응하게 만드는 직관적이고 감성적인 이미지가 중요하다. 문제는 그러한 이미지를 빠르게 실험하고 플랫폼(예: 유튜브, 인스타그램, 틱톡 등)의 속도에 맞춰 대응하기 위해선, 디자이너가 아이디어를 빠르게 시각화하고 다양한 버전으로 반복 생성할 수 있는 환경이 필요하다는 점이다. 이 요구는 기존의 포토샵 기반 작업 흐름만으로는 충족되기 어렵고, 디자이너는 이제 한 장의 결과물만을 제작해서는 안 되는 시대가 되었다. AI 툴은 이러한 문제를 해결해 주는 생산성과 실험성의 동시 해결 도구로 기능한다.

또 하나 주목할 점은, 이러한 AI 이미지 생성 툴들은 단지 '디자이너'만을 위한 것이 아니라는 사실이다. 이러한 툴들은 마케터, 콘텐츠 기획자, 영상 편집자 등 다양한 직군의 비디자이너들조차도 쉽게 사용할 수 있는 UX(User Experience, 사용자 경험) 구조를 가지고 있다. 이는 콘텐츠 디자인의 주도권이 일부 디자이너에게서 벗어나 플랫폼 기반의 협업 구조로 이동하고 있음을 보여 준다. 즉, 이제 콘텐츠 이미지 디자인은 하나의 폐쇄된 전문가 작업이 아니라, AI 툴을 통해 누구나 시도할 수 있는 창작 실험의 장이 된 것이다. 이런 환경 속에서 디자이너는 도구의 기술적 우위를 확보하는 것이 아니라, 이 도구들을 어떻게 전략적으로 조합하고 해석하며 시각적 아이덴티티에 통합할 것인가에 집중해야 한다.

하지만 AI 이미지 생성 툴은 단순히 많다고 해서 모두 같은 기능을 제공하지 않는다. 각 툴은 훈련된 데이터 세트의 차이, 알고리듬의 특징, 프롬프트 해석 방식, 결과물의 시각적 스타일 등이 다르기 때문에, 툴의 특성을 이해하고 목적에 맞게 선택·조합하는 것이 필요하다. 예를 들어, 사실적 표현이 강한 달리는 제품 시뮬레이션이나 설명이 필요한 콘텐츠에 적합하며, 스타일 중심의 미드저니는 감성적·서사적 이미지 제작에 강점을 보인다. 이처럼 다양한 AI 툴은 각각의 용도와 강점이 다르기 때문에, 디자이너는 '무엇을 표현하고 싶은가'에 따라 툴을 전략적으로 사용해야 하며, 이는 AI 툴의 기능 이해를 넘어서 창의적 큐레이션 역량을 요구하게 된다.

결국, 실무에서 AI 이미지 생성 도구는 단순한 시각화 장비가 아니라, 디자인 기획과 콘셉트 구현을 실험하는 가상 창작 스튜디오로 기능한다. 디자이너는 이 스튜디오에서 끊임없이 조합하고 시도하며, AI를 도구가 아닌 창작의 파트너로 받아들일 수 있어야 한다. 이 장에서는 미드저니, 달리, 이마젠 3, 플레이그라운드 AI 등 주요 툴들을 소개하고, 각각의 장점과 한계, 실무 적용 방식, 콘텐츠 이미지 디자인에서의 특징을 분석함으로써, 독자가 자신의 작업 성향과 목적에 맞는 도구를 선택하고 조합할 수 있도록 안내하고자 한다.

감성적이고 서사적인 시각화의 강자, 미드저니

미드저니는 2022년부터 본격적으로 사용되기 시작한 AI 기반 이미지 생성 플랫폼으로, 디자인 · 콘텐츠 업계에서 가장 빠르게 실무에 도입된 도구 중 하나다. 미드저니의 가장 큰 특징은 현실과 비현실의 경계를 넘나드는 감성적 시각 스타일에 있다. 다른 생성형 AI 도구들이 사실성이나 정보 전달에 초점을 맞추는 반면, 미드저니는 마치 일러스트레이터가 그린 것처럼 회화적이고 몰입감 있는 이미지를 생성하는 데에 강점을 보인다. 이러한 시각적 특성은 브랜드 스토리텔링, 판타지 테마, 제품 감성 시각화, 콘텐츠 섬네일 등의 영역에서 강력한 경쟁력을 발휘하며, 특히 감정적 설득이 중요한 마케팅 비주얼에 적합하다.

미드저니는 기본적으로 디스코드(Discord) 플랫폼 내에서 작동하며, 사용자와 AI 간의 커뮤니케이션은 텍스트 프롬프트를 기반으로 이루어진다. 사용자는 프롬프트를 통해 원하는 이미지의 키워드 · 스타일 · 분위기 · 구도 등을 상세히 입력하고, AI는 이를 해석해 네 개의 시안을 제안한다. 이 중 사용자는 확대(upscale)하거나 변형(variation)을 시도할 수 있다. 이러한 과정은 마치 디자이너와 AI 간의 '이미지 디렉팅'처럼 작동하며, 사용자는 생성된 이미지의 감성적 결과물에 대해 직관적으로 반응하고 판단하며 선택하는 역할을 맡는다. 이로 인해 미드저니는 '기계적인 이미지 생성 도구'라기보다는 시각적 아이디어를 끌어내는 창작 촉진 플랫폼에 가깝다는 평가를 받는다.

실무적으로도 미드저니는 특히 콘텐츠 초기 기획 단계의 스케치 역할을 효과적으로 수행할 수 있다. 예컨대, 브랜드 리브랜딩 프로젝트에서 "도시적이지만 따뜻한 느낌의 브랜드 톤"을 시각화해야 하는 경우, 디자이너는 수십 개의 프롬프트를 활용해 다양한 조합의 이미지 시안을 미드저니를 통해 빠르게 생성할 수 있다. 이 결과물들은 단순히 시안을 넘어, 디자인 방향성을 잡는 기준선(visual benchmark)으로 작용하며, 내부 회의나 클라이언트 프레젠테이션에서도 설득력 있는 도구로 활용된다. 특히 기존에 존재하지 않던 콘셉트를 빠르게 시각화해야 하는 스타트업 환경에서는 미드저니가 디자인 프로세스의 앞 단계를 단축하는 데에 크게 기여하고 있다.

그러나 미드저니의 장점이 그대로 한계로 작용하기도 한다. 가장 큰 문제는 결과물의 통제 가능성 부족이다. 프롬프트가 조금만 달라져도 이미지 결과가 전혀 다른 방향으로 튈 수 있으며, 같은 프롬프트라도 매번 미묘하게 다른 결과가 나오는 특성 때문에 정밀한 재현이 필요한 상업 콘텐츠에는 적합하지 않을 수 있다. 또한, 텍스트가 포함된 디자인 '예: 포스터나 배너 이미지 제작'에서는 인공 지능이 여전히 엉뚱한 글자를 생성하는 경우가 많아 사용에 주의가 필요하다. 그리고 스타일 반복이나 캐릭터 유지, 정밀한 색상 조절이 필요한 작업에서는 달리, 어도비 파이어플라이, 레오나르도 AI(Leonardo AI) 등과 병행 사용이 권장된다.

그럼에도 미드저니는 디자이너에게 가장 창의적인 실험이 가능한 플랫폼 중 하나로 자리매김했다. 무엇보다 '예상할 수 없음'이라는 특성이 디자이너의 감각을 자극하고 창의적 사고를 촉진하는 장점으로 작용한다. 디자이너는 미드저니를 통해 전혀 상상하지 못했던 시각적 조합을 접하게 되며, 이는 브랜드 아이덴티티 실험, 콘셉트 확장, 이미지 큐레이션 등 다양한 분야에서 창의성을 증폭시키는 원천이 된다. 결국 미드저니는 AI 이미지 생성 도구가 단순한 생산성이 아니라 창의성을 증폭하는 도구로 기능할 수 있음을 보여 주는 대표적 사례라 할 수 있다.

정밀한 사실성과 명확한 프롬프트 반응력, 달리

달리는 오픈AI가 개발한 이미지 생성 인공지능 모델로, 특히 텍스트 기반의 정밀한 시각화 능력에서 강점을 보인다. 달리는 자연어로 작성된 프롬프트를 이미지로 해석하는 방식이 매우 직관적이며, 디자이너의 의도를 비교적 정확하게 반영할 수 있는 알고리듬 구조를 가지고 있다. 이는 특히 광고, 제품 디자인, 교육 콘텐츠, 시각 설명 자료 등에서 사실적이고 구체적인 이미지가 요구되는 실무 환경에 매우 유용하다. 예를 들어, "흰색 세라믹 재질의 둥근 컵에 따뜻한 김이 나는 커피가 담긴 모습"이라는 프롬프트를 입력하면, 달리는 실제 사진에 가까운 수준으로 컵의 재질, 각도, 색온도까지 명확히 구현해 낸다.

콘텐츠 이미지 디자인에서 이러한 사실성은 고객 설득, 정보 전달, 시각적 명료성 확보라는 측면에서 중요하다. 특히 B2B(Business-to-Business, 기업 간 거래) 영역이나 인포그래픽 기반 콘텐츠, 전자 상거래 제품 이미지 제작 등에서는 이미지의 정확도와 신뢰도가 핵심 경쟁력이 되기 때문이다. 미드저니가 감성적이고 예술적인 이미지에 특화되어 있다면, 달리는 명확하고 논리적인 이미지가 요구되는 영역에서 더욱 두각을 나타낸다. 이

때문에 디자이너들은 달리를 아이디어 스케치보다는 최종 결과물에 가까운 시각화 작업에 활용하는 경우가 많다. 특히, 제품 모델링, 콘텐츠 레이아웃 시뮬레이션, 마케팅 배너 시안 구성 등에서 실무적으로 활용도가 높다.

달리의 또 다른 강점은 프롬프트에 대한 반응성이다. 미드저니가 '무드 중심', '회화적 스타일'에 가깝다면, 달리는 프롬프트의 단어 하나하나를 해석하여 논리적으로 일치하는 요소들을 배치하는 방식을 택한다. 예를 들어 "유리잔 속에 떠 있는 녹색 레몬 조각"이라는 요청을 입력했을 때, 미드저니는 분위기 중심의 해석으로 다소 추상적인 결과물을 생성할 수 있는 반면, 달리는 유리잔의 형태, 투명도, 물의 반사, 조명 각도까지 디테일한 요소를 이미지 안에 충실히 반영한다. 이러한 특징은 콘텐츠 이미지의 정확성과 반복 생성 시의 일관성 유지에 중요한 장점이 된다.

그러나 달리에도 분명한 한계는 존재한다. 우선, 예술적 창의성이 요구되는 작업, 특히 감성적 서사나 비현실적 장면 구현에서는 미드저니에 비해 상대적으로 유연성이 부족할 수 있다. 또한, 달리의 이미지 출력은 비교적 '기술적 정확성'에 기울어져 있어, 사용자가 원하지 않았던 과도하게 사실적인 묘사나 정적인 구도를 만들기도 한다. 게다가 달리가 생성하는 이미지는 'AI가 계산한 정답'처럼 느껴질 수 있기 때문에, 직관적 감성이나 해석적 여지를 중요하게 여기는 디자인 프로젝트에서는 한계가 드러날 수 있다.

그럼에도 달리의 실무 활용성은 매우 강력하다. 특히 최근 도입된 인페인팅(inpainting: 이미지 일부분 수정) 기능, 아웃페인팅(outpainting: 캔버스 바깥 영역 확장) 기능, 텍스트 정확도 강화, 그리고 어도비 파이어플라이와의 연동 같은 구조는 디자이너에게 더욱 높은 자유도를 제공한다. 사용자는 원하는 이미지에서 특정 부위만 바꾸거나 기존 이미지를 확장하는 방식으로 콘텐츠 이미지의 버전 다각화와 맥락 확장이 가능하다. 이는 유튜브 섬네일, 온라인 광고 이미지, SNS 콘텐츠 등 멀티채널용 시각 자산을 빠르게 확장하는 실질적인 솔루션이 된다.

결과적으로 달리는 콘텐츠 이미지 디자인에서 정확성과 재현성, 논리적 시각화를 중시하는 실무 환경에서 강력한 도구로 활용될 수 있으며, 특히 제품 기반 콘텐츠나 정보 중심 콘텐츠, 프레젠테이션용 이미지 제작에서 탁월한 성능을 보여 준다. 디자이너는 이 도구를 통해 '사실성'과 '기획 의도'를 정밀하게 이미지로 전달할 수 있으며, 이는 브랜드 신뢰도와 소비자 반응에 직결되는 시각적 신뢰성의 구현이라는 점에서 매우 중요한 전략이 된다.

고해상도 디테일과 텍스트 정확도에 특화된 이마젠 3

구글 딥마인드(Google DeepMind)가 개발한 이마젠 시리즈는, 생성형 AI 이미지 기술의 정점으로 평가받을 만큼 높은 시각적 품질과 디테일 구현력을 자랑하는 모델이다. 특히 2024년에 공개된 이마젠 3는 기존의 달리, 미드저니보다 더욱 정확한 텍스트 인식과 섬세한 디테일 표현력으로 주목받고 있다. 이마젠 3는 구글의 고유한 비전 트랜스포머(Vision Transformer) 아키텍처와 대규모 언어 모델을 결합해 만들어졌으며, 특히 문장 구조와 시각 표현 간의 대응 관계를 매우 정교하게 해석하는 능력을 지니고 있다. 이로 인해 단어 선택에 따라 분위기, 색감, 소재 표현이 뚜렷하게 달라지는 것이 특징이다.

이마젠 3의 강점 중 하나는 텍스트 내 단어들 간 관계에 따른 이미지 배치와 질감 표현이 매우 정교하다는 점이다. 예를 들어 "빛바랜 종이 위에 수채화로 그려진 벚꽃나무 옆에 붉은 해가 떠오르는 모습"이라는 프롬프트를 입력할 경우, 이마젠 3는 단순히 오브젝트를 배치하는 것을 넘어서 조명, 재질, 페인팅 느낌, 시간대에 따른 색온도까지 종합적으로 계산하여 하나의 예술적 장면을 구성한다. 이러한 특성은 특히 브랜드 콘텐츠 중에서 감성적이면서 고급스러운 이미지가 필요한 고해상도 광고, 책 표지, 영상 스토리보드 제작 등에서 매우 유용하다.

실무에서 이마젠 3의 가장 큰 경쟁력은 해상도와 텍스트 정확성이다. 기존의 생성형 AI 모델들은 이미지에 문자가 포함될 경우, 대부분 알아볼 수 없는 형태로 왜곡되기 일쑤였으나, 이마젠 3는 텍스트 기반 디자인(예: 포스터, 간판, 섬네일 자막 이미지)에서도 사용할 수 있는 수준의 글자 표현이 가능하다. 이는 특히 마케팅용 콘텐츠 이미지 제작 시 '문자 정보를 이미지에 자연스럽게 삽입' 할 수 있다는 점에서 매우 큰 장점으로 작용한다. 예를 들어, 쇼핑몰 배너나 유튜브 커버 이미지에 브랜드 이름, 제품명, 행사 정보를 넣고 싶을 때, 별도의 후처리 없이 생성 단계에서 시각과 문자가 동시에 구성된 결과물을 도출할 수 있다.

다만 이마젠 3는 일반 사용자에게는 아직 접근성이 제한적이라는 단점도 존재한다. 현재 구글의 AI 스튜디오

(AI Studio)나 제한적 베타 환경을 통해서 일부 크리에이터나 개발자들에게만 제공되고 있으며, 일반 디자이너가 실무에서 자유롭게 사용하는 데는 기술적 · 제도적 장벽이 있다. 이러한 점에서 이마젠 3는 당장 실무 툴로 적극적으로 활용되기보다는, 미래의 디자인 환경을 미리 경험하고 실험하는 예비적 도구로 보는 것이 현실적이다. 향후 구글이 이마젠 3를 상용 API로 개방하거나, 어도비나 캔바(Canva) 같은 플랫폼과의 연동이 본격화될 경우, 이 도구의 실무적 파급력은 급격히 확대될 가능성이 크다.

또한 이마젠 3는 기본적으로 구글의 윤리 가이드라인에 따라 민감하거나 선정적인 콘텐츠, 정치적 표현, 인종 · 성별과 관련된 이미지를 엄격히 제한한다. 이러한 제한은 윤리적 책임이라는 측면에서는 긍정적이지만, 사용자 입장에서는 때로는 창작의 자유에 제약이 되는 요소로 작용할 수 있다. 이는 실무 디자인 작업에서 다양성과 실험성을 중시하는 크리에이티브 프로젝트에서는 주의 깊게 고려해야 할 점이다. 결국 디자이너는 이마젠 3의 기술적 강점을 잘 이해하되, 플랫폼 접근성과 윤리적 제약이라는 맥락 속에서 적절한 프로젝트와 용도에 전략적으로 선택적으로 사용하는 지혜가 필요하다.

요약하자면, 이마젠 3는 콘텐츠 이미지 디자인에서 고해상도 감성 이미지, 텍스트 포함 시각물, 브랜드 중심의 고급 비주얼을 요구하는 작업에서 매우 강력한 성능을 발휘한다. 접근성과 규제의 한계로 인해 실무 적용 범위는 아직 좁지만, 앞으로의 기술 발전과 공개 범위 확장을 고려할 때, 디자이너가 반드시 사용법과 특징을 사전에 익혀 두어야 할 미래형 툴임은 분명하다.

자유도와 범용성을 갖춘 실험형 플랫폼, 플레이그라운드 AI

플레이그라운드 AI는 사용자의 이미지 생성 접근성과 실험성을 최대화한 웹 기반 이미지 생성 플랫폼으로, 현재 미드저니, 달리, 스테이블 디퓨전, 레오나르도 AI 등 여러 모델 중 하나를 선택해 사용할 수 있는 멀티 모델 인터페이스를 제공하는 것이 특징이다. 특히 별도의 프로그램 설치나 커뮤니티 환경에 익숙하지 않은 사용자도 쉽게 사용할 수 있는 UI(User Interface, 사용자 인터페이스)/UX를 기반으로 설계되어 있어, 입문자부터 전문가까지 폭넓은 디자이너층이 활용할 수 있는 구조를 가지고 있다. 이는 디자인 실무에서 빠른 시안 제작이나 즉각적인 시각화가 필요한 경우, 진입 장벽이 낮은 가장 접근성 좋은 툴 중 하나로 평가받는다.

플레이그라운드 AI는 사용자가 원하는 모델을 선택한 후 텍스트 프롬프트를 기반으로 이미지를 생성하는 기능을 지원하며, 생성된 이미지를 실시간으로 편집하거나 보정할 수 있는 기본적인 이미지 에디터 기능도 포함하고 있다. 특히 텍스트, 스타일, 구도, 채도, 해상도 등을 조절할 수 있는 UI 슬라이더 옵션이 있어서, 전문적인 프롬프트 작성 능력이 부족한 사용자도 시각적으로 컨트롤할 수 있는 이미지 실험을 손쉽게 할 수 있다. 이는 '디자이너가 직접 코딩이나 복잡한 명령어 없이 AI 이미지 퀄리티를 조정할 수 있다'는 점에서 매우 실용적이다.

실무에서 플레이그라운드 AI가 가진 가장 큰 장점은 이미지 생성 → 보정 → 다운로드까지 한 번에 가능한 통합 작업 흐름이다. 예컨대 마케팅 팀에서 유튜브 섬네일 5종의 스타일 시안을 긴급히 받아야 하는 상황에서, 디자이너는 플레이그라운드 AI를 이용해 프롬프트를 중심으로 미드저니 또는 스테이블 디퓨전 모델을 적용하고, 각각의 스타일로 시안을 생성한 후, 웹상에서 텍스트나 구도를 약간 수정해 바로 저장할 수 있다. 이 과정이 모두 한 페이지 내에서 클릭 몇 번만으로 수행되기 때문에, 디자이너는 더 많은 실험을 더욱 짧은 시간 안에 반복할 수 있다. 이는 특히 콘텐츠 크리에이터, 에이전시, 소규모 브랜드 디자인 실무자들에게 매우 유용하다.

또 다른 플레이그라운드 AI의 특징은 스타일 프리셋과 커뮤니티 공유 기능이다. 사용자들은 자신의 생성 이미지와 프롬프트를 저장하고, 공개 설정을 통해 다른 사용자와 공유할 수 있다. 이는 디자이너 간의 프롬프트 학습과 이미지 스타일 레퍼런스 공유가 가능하게 하며, 실제 실무에서는 이를 통해 "어떤 프롬프트가 어떤 스타일을 유도하는지"에 대한 감각을 빠르게 습득할 수 있다. 예를 들어, 특정 브랜드에서 요구하는 '모던하고 세련된 이미지 스타일'을 구현하기 위해, 다른 사용자가 제작한 프롬프트를 분석하고 수정하는 방식으로 이미지 생성 과정을 개선할 수 있다. 이는 프롬프트 기반 디자인 리터러시 교육에도 효과적이다.

다만 플레이그라운드 AI는 클라우드 기반 도구로서 한계도 존재한다. 무료 버전에서는 생성 이미지 수에 제한이 있으며, 고해상도 이미지 저장이나 상업적 사용을 위한 라이선스 옵션이 유료 계정으로 제한된다. 또한 AI 모델이 플레이그라운드 내부에서 통합되기 때문에, 개별 모델(미드저니 · 달리 등)에 비해 업데이트 반영 속도가 느리거나 기능이 축소되는 경우도 있다. 예를 들어,

최신 버전의 미드저니 v6에서 제공되는 고급 세부 설정이나, 달리의 인페인팅 기능이 플레이그라운드에서는 지원되지 않거나 제한적으로만 제공된다. 따라서 플레이그라운드 AI는 빠른 시각화와 실험에 적합하지만, 세밀한 제어가 필요한 고퀄리티 작업에는 한계가 있을 수 있다.

그럼에도 플레이그라운드 AI는 여전히 콘텐츠 이미지 제작에서 빠른 시안 작업, 프롬프트 학습, 클라이언트와의 커뮤니케이션 시각 자료 도출 등에 매우 효과적인 도구로 활용된다. 특히 디자인 실무 초기 단계에서 다양한 시각화 가능성을 탐색하는 데에 최적화되어 있으며, AI 이미지 생성의 진입 장벽을 낮춰 주는 플랫폼으로서 중요한 역할을 수행하고 있다. 디자이너는 플레이그라운드 AI를 통해 다양한 모델과 스타일을 테스트해 보며, 자신만의 AI 활용 전략과 이미지 아이덴티티를 구축할 수 있게 된다.

툴 비교와 전략적 선택 가이드

AI 이미지 생성 도구는 단순한 기술 제품이 아니라, 디자이너의 창작 전략과 콘텐츠 목표에 따라 달리 선택해야 하는 창조 도구다. 앞서 살펴본 미드저니, 달리, 이마젠

3, 플레이그라운드 AI는 각기 다른 방식으로 콘텐츠 이미지 디자인에 기여하며 기능, 품질, 조작 방식, 접근성 측면에서 분명한 차이를 보인다. 따라서 디자이너는 단일 도구에 의존하기보다는, 업무 목표, 작업의 특성, 이미지의 목적에 따라 유동적으로 도구를 선택하고 조합하는 전략이 필요하다. 이 문단에서는 네 가지 대표 툴을 기능별로 비교하고, 어떤 상황에서 어떤 도구를 선택해야 하는지를 실무 관점에서 정리한다.

우선 미드저니는 감성적이고 예술적인 이미지, 비현실적인 장면 구성, 강한 분위기를 담고자 할 때 탁월하다. 특히 SNS 콘텐츠나 유튜브 섬네일처럼 시선을 끌고 감정을 자극하는 이미지가 필요한 작업에 효과적이다. 반면, 정밀 제어와 반복성은 떨어지므로, 제품 설명 이미지나 정보 중심 디자인에는 부적합할 수 있다. 이에 비해 달리는 높은 재현성과 사실적인 묘사로 인해 제품 시뮬레이션, 프레젠테이션 자료, 학습용 시각 콘텐츠 등에서 뛰어난 성능을 발휘한다. 텍스트를 포함한 이미지나 정밀 구성력이 필요한 작업에 강하며, 미드저니보다 일관성 있는 결과물을 얻을 수 있다.

이마젠 3는 아직 일반 사용자에게는 제한적으로 개방되어 있지만, 향후 활용성이 폭발적으로 증가할 가능성이 큰 툴이다. 특히 텍스트 삽입 정확도, 고해상도 출력, 조형적 정밀도에서 현존 최고의 퍼포먼스를 보여 주기 때문에 고급 브랜드 콘텐츠, 책 표지, 영상 스토리보드, 광고 이미지 등에 매우 적합하다. 다만, 아직 상업적으로 자유로운 활용이 어렵고 인터페이스가 복잡할 수 있기 때문에, 사전 실험 또는 아트 디렉팅 레퍼런스로 사용하는 것이 현실적이다.

플레이그라운드 AI는 가장 유연하고 접근성 높은 실험형 플랫폼이다. 다양한 모델을 한곳에서 조합하고 테스트할 수 있으며, 실시간 수정과 편집 기능, 프롬프트 공유 기능 등으로 빠른 시안 제작, 협업, 실험적 콘텐츠 이미지 기획에 유용하다. 특히 미드저니나 달리를 직접 사용하기 어려운 디자이너나 기획자도 플레이그라운드 AI를 통해 AI 디자인의 감각과 메커니즘을 학습할 수 있다. 단점은 고급 기능 제약과 고해상도 생성 제한이지만, 빠른 실험과 학습 목적에는 탁월한 장점을 가진다.

종합하면, 디자이너가 AI 이미지 툴을 선택할 때는 1) 작업 목적, 2) 이미지 성격, 3) 시각적 감도, 4) 결과물 제어 필요성, 5) 시간 및 비용, 6) 윤리적 제약 등 다양한 기준을 종합적으로 고려해야 한다. 예컨대, 감성적 브랜드 시안을 만들고자 할 때는 미드저니, 제품 설명 시각화를 위한 결과물이 필요할 때는 달리, 텍스트와 시각 정보가 복합된 고해상도 결과물이 필요하면 이마젠 3, 그리고 빠른 내부 시안 회의용 실험 이미지가 필요하면 플레이그라운드 AI를 활용하는 식이다. 결국 중요한 것은 '툴 자체의 성능'보다 '디자이너가 어떤 시각적 목표를 가지고 툴을 해석하고 활용하느냐'에 달려 있다.

오늘날의 콘텐츠 이미지 디자인 환경은 더는 하나의 도구만으로 대응할 수 없는 다층적 · 다변적 구조를 가지고 있다. 디자이너는 다양한 AI 툴을 이해하고, 그것들을 목적과 상황에 맞게 조합할 수 있는 '도구 큐레이션 능력'을 갖추는 것이 필수적이다. 이 절을 통해 디자이너는 자신에게 필요한 툴을 스스로 분석하고 선택할 수 있는 기준을 세우며, AI 도구를 단순한 기술이 아닌 자신만의 창작 전략과 스타일을 확장하는 도구로 재해석하는 관점을 갖게 될 것이다.

참고문헌

달리. https://openai.com/index/dall-e-2/

미드저니. https://www.midjourney.com/home

이마젠 3. https://deepmind.google/models/imagen/

플레이그라운드. https://playground.com/

06
AI 콘텐츠 이미지 제작 사례 분석

AI를 활용한 이미지 제작 사례를 분석하고, 실제로 AI가 어떻게 디자이너의 아이디어를 구현하는 데에 도움을 주는지 살펴본다. 성공적인 사례를 통해 AI가 이미지를 얼마나 창의적으로 변형하고, 디자인 품질을 향상할 수 있는지 탐구한다.

AI와 야구?

게임 유튜브 섬네일 제작에서의 AI 이미지 활용 사례

콘텐츠 산업 전반에서 유튜브는 가장 강력한 영상 플랫폼 중 하나로 자리매김했고, 그중 게임 콘텐츠는 단연 핵심적인 분야다. 게임 유튜버들은 섬네일 하나에 수만 번의 클릭이 좌우되는 환경 속에서 시선을 끄는 이미지 제작에 사활을 건다. 전통적으로 이러한 섬네일은 포토샵이나 3D 렌더링 툴을 이용해 수 시간의 작업 끝에 완성되었지만, 최근에는 생성형 AI 이미지 툴의 등장으로 섬네일 제작 방식이 혁신적인 전환을 맞고 있다. 특히 미드저니, 달리, 플레이그라운드 AI 등은 텍스트 프롬프트 기반으로 강렬하고 몰입감 있는 섬네일을 몇 분 만에 제작할 수 있게 하면서, 게임 크리에이터와 디자이너 간의 협업 방식에도 변화를 주고 있다.

예를 들어, 국내 인기 게임인 배틀그라운드(PUBG) 관련 유튜브 콘텐츠의 섬네일 제작 프로젝트에서는 동일한 장면(예: '벽 뒤에 숨어 적을 조준하는 긴장감 넘치는 순간')을 주제로 여러 AI 툴을 활용해 섬네일을 제작하고, 실제 게임 크리에이터를 대상으로 선호도 조사를 진행한 사례가 있다. 이 프로젝트에서 미드저니는 사실성과 감성적 분위기를 강조한 이미지로, 달리는 구체적 구성과 명확한 구조를 가진 섬네일로 각각 제작되었다. 플레이그라운드 AI는 여러 프롬프트 실험을 통해 다양한 스타일의 시안을 빠르게 시각화할 수 있었으며, 크리에이터들은 시안 중에서도 "AI 이미지가 전통 이미지보다 더 흥미를 유발하며, 클릭 유도에 효과적이었다"라는 의견을 다수 표했다.

이 실험에서 특히 주목할 만한 점은, AI 이미지가 시각적 몰입감, 강렬한 색채 대비, 장면의 순간 포착력에서 전통 방식보다 우수하게 평가되었다는 점이다. 예를 들어 미드저니는 "폭발 직전의 긴박한 분위기"를 극적으로 묘사하는 데에 강점을 보였으며, 이는 섬네일을 보는 사용자에게 '지금 무슨 일이 벌어지고 있나'라는 궁금증을 자극하여 클릭률 증가에 긍정적인 영향을 미쳤다. 반면, 전통적인 디자인 방식으로 제작된 섬네일은 상대적으로 단순하거나 표현이 제한적이었다. 특히 이미지 편집에 들어가는 시간과 리소스를 고려할 때, AI 기반 섬네일 제작은 속도와 시각적 강렬함이라는 두 가지 요소에서 큰 장점을 보여 준 셈이다.

실제로 이 프로젝트의 클릭률을 분석한 결과, 전통 섬네일에 비해 AI 기반 섬네일은 평균 18% 높은 클릭률을 기록했으며, 미드저니로 제작한 이미지가 가장 높은 반응을 얻었다. 크리에이터 인터뷰에서는 "AI가 만들어 낸 장면이 게임의 서사와 상상력을 더 극적으로 보여 준다", "수정과 반복이 쉬워서 시안 수정이 빠르다"라는 의견도 있었고, 반면에 "AI 이미지가 가끔 너무 과장되거나 게임성과 무관한 디테일을 만들기도 한다"라는 한계 지적도 존재했다. 이는 AI 이미지 제작이 완전한 대체가 아니라, 디자이너와 협업할 때 시안 생성의 기반이나 콘셉트 개발의 자극제로서 작용할 수 있음을 시사한다.

이 사례는 콘텐츠 이미지 디자인에서 AI가 단순히 시각적 결과물을 빠르게 제공하는 것을 넘어서, 사용자 반응, 콘텐츠 전략, 클릭 유도 디자인 설계 등 실무 전반에 걸친 영향을 미친다는 점에서 의미가 크다. 앞으로 AI 이미지 생성 도구는 디자이너의 작업 흐름을 변화시킬 뿐 아니라, 콘텐츠 제작의 기획 단계에서부터 적극적으로 활용될 수 있으며, AI와 사람이 함께 만드는 창작 협업 구조로 점차 진화해 갈 것으로 보인다. 이 장에서 다루는 사례들은 그러한 미래의 가능성을 실증적으로 보여 주는 시작점이라 할 수 있다.

브랜드 캠페인과 프로모션 이미지 제작에서의 AI 활용

브랜딩 작업은 단순한 이미지 제작을 넘어, 브랜드가 지닌 가치·철학·감정·분위기 등을 시각적으로 번역하는 고차원의 창작 행위다. 전통적으로 이러한 작업은 수차례의 회의, 키워드 추출, 무드 보드 제작, 시안 반복 등의 과정을 거치며 수일에서 수주에 이르는 시간을 소요한다. 하지만 최근에는 AI 이미지 생성 도구들이 이 과정을 빠르게 가속화하고 있으며, 특히 감성적 무드 보드 제작, 콘셉트 제안, 스타일 가이드 시각화 등 초기 단계에서 디자이너에게 창의적 자극과 아이디어 확장의 도구로 널리 활용되고 있다. 이는 브랜드 캠페인의 시작점을 열어 주는 시각적 언어의 출발선을 더욱 빠르게 구성하게 해 주며, 클라이언트와의 커뮤니케이션에도 큰 효과를 가져온다.

예를 들어, 한 뷰티 브랜드의 캠페인 이미지 개발 프로젝트에서는 미드저니와 달리를 활용해 '자연의 치유력'과 '프리미엄 에센스'라는 키워드를 시각화하는 시도가 이루어졌다. 미드저니는 "이끼가 깔린 숲속에서 아침 햇살을 받으며 떠오르는 투명한 병"이라는 프롬프트에 기반하여 몽환적이면서도 생명감 있는 분위기를 담은 고해상도 이미지를 수십 장 생성했으며, 이 이미지들은 브랜드 무드 보드에 그대로 활용되었다. 반면, 달리는 제품 구성을 더욱 명확하게 보여 주는 시각화를 통해, 패키지 디자인의 후보안으로 이어지는 결과물을 만들어 냈다. 디자이너들은 이러한 이미지들을 클라이언트에게 제안하는 데에 사용했고, 결과적으로 클라이언트는 "이전보다 훨씬 직관적이고 감각적인 제안서를 받았다"라고 평가했다.

이 프로젝트에서 특히 중요한 점은, AI가 브랜드 콘셉트를 시각적으로 번역하는 '언어적 중개자'로 기능했다는 점이다. 즉, 디자이너가 클라이언트의 브리프를 해석하여 이를 시각 언어로 재구성하는 과정에서, AI는 무드보드와 시안 제작을 위한 실험적 이미지들을 빠르게 제공함으로써 디자이너의 아이디어 설계를 도왔다. 특히 미드저니를 사용한 경우, 클라이언트가 기존에 언어로만 제시했던 추상적인 감성 – 예를 들어 '고요하지만 생명력이 있는 분위기', '촉촉한 공기 속의 따뜻한 빛' 같은 표현 – 을 시각 이미지로 전환함으로써, 콘셉트 이해를 훨씬 빠르게 공유할 수 있었다.

이처럼 AI 이미지 생성 툴은 캠페인 초기 단계에서 아이디어 확장을 위한 도구일 뿐만 아니라, 브랜드 정체성과 일치하는 시각적 스타일의 방향성을 설정하는 가이드 역할을 한다. 또한 여러 이미지 버전을 쉽고 빠르게 생성할 수 있어 시안 비교 · 테스트가 가능하며, 클라이언트 피드백 반영도 신속하게 이뤄진다. 물론 이 과정에서도 디자이너의 큐레이션 역량과 이미지 해석력은 필수적이다. AI가 제시하는 수많은 이미지 중에서 어떤 것이 브랜드와 일치하는지를 판단하고 어떻게 수정하고 재해석할지를 결정하는 주체는 여전히 디자이너다. 즉, AI는 브랜드 이미지 창작의 방향성을 제시해 주는 '제안형 도구'일 뿐, 브랜드 정체성을 완성하는 궁극의 선택은 사람의 몫이다.

결과적으로, 브랜드 캠페인 이미지 제작에서 AI 툴의 도입은 작업 속도와 아이디어 다양성의 증가, 클라이언트와의 시각적 소통의 효율화, 디자인 초안의 감성 품질 향상 등 다방면에서 긍정적인 결과를 낳았다. 특히 시간에 쫓기는 프로모션, 한정된 예산의 브랜드 리뉴얼, 스타트업의 MVP 디자인 등에서는 AI 기반 이미지 생성이 경쟁력 있는 해결책으로 자리 잡고 있으며, 향후 브랜딩 전략 전반에서 필수 도구로 기능할 가능성이 크다.

SNS 콘텐츠 디자인에서의 AI 이미지 생성 활용

인스타그램, 페이스북, 틱톡, 트위터(현 X) 등 SNS 플랫폼은 오늘날 브랜드가 소비자와 일상적으로 소통하는 가장 핵심적인 채널이 되었다. 이들 플랫폼에서 사용되는 이미지 콘텐츠는 대부분 짧은 시간 안에 강한 시각적 자극을 제공해야 하는 특징을 가진다. 특히 피드나 스토리에서 수많은 이미지 사이에서 주목받기 위해서는, 기존의 포맷을 반복하는 것보다는 독창적인 스타일, 감성적 컬러 구성, 메시지를 직관적으로 시각화한 이미지가 요구된다. 이러한 SNS 콘텐츠 특성과 빠른 업로드 주기를 고려할 때, AI 이미지 생성 도구는 디자이너의 생산성과 창의력을 동시에 뒷받침해 주는 핵심적 도구로 부상하고 있다.

실제로 한 라이프스타일 브랜드는 '계절별 기분을 담은 감성 콘텐츠'를 제작하는 프로젝트에서 미드저니와 플레이그라운드 AI를 적극적으로 활용했다. 이 브랜드는 매주 월요일마다 '감성 주간 무드 포스트'를 게시하는데, 예전에는 팀 내 디자이너가 이미지 보정과 일러스트 작업에 평균 3일 이상을 소요해야 했다. 그러나 AI 이미지 툴을 도입한 이후, "노란 낙엽이 떨어지는 따뜻한 오후, 붉은 니트를 입은 사람이 커피를 들고 창밖을 바라보는 장면"처럼 상세 프롬프트를 입력하여 수십 개의 이미지 버전을 빠르게 생성하고, 그중 일부를 후보로 골라 내부 투표를 거쳐 포스트 이미지를 완성하는 구조로 바뀌었다. 이로 인해 작업 시간이 70% 이상 단축되었고, 콘텐츠의 다양성과 감성 품질은 오히려 향상되었다는 평가를 받았다.

특히 SNS 콘텐츠는 짧은 시간 안에 감정을 불러일으키고 브랜드의 분위기를 각인시키는 기능을 하기에, 이미지의 색감과 조명, 인물의 감정 표현, 배경의 정서적 밀도 등이 중요하다. 미드저니는 이러한 감성 표현에 강점을 보이며, 브랜드 톤에 맞는 색채 구성과 구도를 자동적으로 조절하여 고급 감성 피드를 구성하는 데에 유리한 도구로 작용한다. 반면, 플레이그라운드 AI는 다양한 스타일 프리셋을 테스트할 수 있고, 웹 기반에서 즉각적으로 결과를 비교할 수 있어 콘텐츠 기획자가 직접 다양한 이미지 실험을 할 수 있는 장점이 있다. 이처럼 SNS 이미지 제작에서는 단순한 이미지 한 장이 아니라, 다양한 버전 생성 → 실험 → 선택 → 반영이라는 반복 작업에서 AI의 생산성이 극대화된다.

또한 SNS 콘텐츠의 특성상 이벤트성 이미지, 시즌 한정 콘텐츠, 이모티콘 기반 카드 뉴스 등 다양한 포맷이 빠르게 요구된다. 이를 위해 AI 이미지 생성 툴은 디자이너가 반복 가능한 스타일을 유지하면서도 항상 새로운 이미지를 빠르게 창출하는 도구로 사용된다. 예를 들어, 같은 브랜드 컬러 톤을 유지하면서 매주 새로운 주제('따뜻한 월요일', '비 오는 수요일', '기대되는 금요일')에 맞춰 무드를 변화시킬 수 있다. 이 과정은 디자이너의 브랜드 전략적 통제 아래에서 진행되며, AI는 그 전략의 실행 속도와 다양성을 보장하는 창작 파트너로 작동한다.

요컨대, SNS 콘텐츠 이미지 디자인에서 AI는 단순한 보조 생성 도구를 넘어, 콘텐츠 퍼블리싱 전략의 핵심 엔진으로 기능하고 있다. 빠르게 콘텐츠를 반복 생산해야 하는 환경, 감성적 연결을 기반으로 한 브랜딩 전략, 시청각 몰입도를 높이기 위한 실험적 시각 표현이 요구되는 시대에, AI는 이미지 전략의 전방에 위치하게 된 셈이다. 다만, 이 과정에서도 디자이너의 큐레이션 역량, 브랜드 콘셉트에 대한 이해, 시각적 균형 감각은 여전히 필수이며, AI의 무분별한 이미지 제안을 콘텐츠 전략적 시각에서 선별하는 판단 능력이 더욱 중요해지고 있다.

에디토리얼 콘텐츠에서의 AI 이미지 활용

디지털 시대에도 에디토리얼 콘텐츠는 여전히 정보 전달의 핵심 양식으로 존재하고 있으며, 최근에는 디지털 뉴스레터, 브랜드 저널, 온라인 매거진 등 다양한 형태로 진화하고 있다. 이러한 콘텐츠는 본질적으로 텍스트 중심의 메시지 전달을 목적으로 하지만, 시각 이미지의 역할은 점점 더 중요해지고 있다. 독자가 디지털 플랫폼에서 정보를 소비하는 시간은 짧아지고 있고, '읽기'보다 '보는 것'에 더 많은 인지 자원을 할애하고 있기 때문이다. 따라서 오늘날의 에디토리얼 콘텐츠는 텍스트의 무게를 덜고 시각적으로 주제의 방향을 제시하는 이미지를 필요로 하며, 이때 AI 이미지 생성 도구는 저예산, 단기 제작 환경에서 탁월한 시각적 대응 수단이 된다.

실제 사례로, 한 글로벌 IT 기업의 콘텐츠 마케팅 팀에서는 매주 고객에게 발송되는 디지털 뉴스레터에서 '기술, 혁신, 삶의 변화'를 주제로 에세이 형식의 콘텐츠와 이를 보조하는 키 비주얼(key visual) 이미지를 함께 기획하고 있다. 과거에는 스톡 이미지 라이선스를 구매하거나, 디자이너가 장시간에 걸쳐 직접 조형한 이미지 자료를 활용했으나, 현재는 미드저니와 달리를 혼합적으로 사용하여 1주일 치 콘텐츠에 대한 시각 자료를 사전에 제작한다. 예를 들어, "AI가 바꾸는 퇴근 후의 삶"이라는 주제에는 "야경 속 무인 택시를 타고 집으로 돌아가는 사람의 실루엣"이라는 프롬프트를 입력하여 감성적이고 상징적인 이미지를 생성했고, 이 이미지가 본문의 톤과 일치하면서 읽기 전에 독자에게 주제의 정서적 방향을 먼저 제시하는 역할을 하였다.

AI 이미지는 특히 시각적 메타포(metaphor)를 필요로 하는 에디토리얼 콘텐츠에 유용하다. 브랜드 스토리, 사회 문화 칼럼, 기업 철학 콘텐츠 등은 본질적으로 추상적인 개념을 담고 있으며, 이때 AI는 단순히 설명적인 이미지가 아니라 의미를 '비유적으로 시각화'하는 강력한 도구가 될 수 있다. 예를 들어, "디지털 휴먼의 탄생"이라는 주제를 시각화할 때, "눈을 감고 빛 속에서 점차 형체를 이루는 반투명한 인물"이라는 프롬프트는 독자에게 이성적 설명보다 훨씬 더 강한 감정적 인상을 남기며, 본문 이해를 직관적으로 돕는 효과를 낸다.

또한 AI 이미지 생성 도구는 에디토리얼 디자인에서 편집자의 의도를 실험적으로 시각화하는 도구로도 활용된다. 전통적인 디자인에서는 편집자와 디자이너 사이에 다수의 커뮤니케이션 라운드를 거쳐야 했던 감성적 조율 과정을, 미드저니나 달리의 반복적 이미지 생성을 통해 빠르게 실험하고 수정할 수 있는 구조가 형성된다. 이는 특히 비정형적 콘텐츠, 감각적 시사 칼럼, 인터뷰 기반 콘텐츠에서 새로운 구성과 감정을 탐색할 때 유용하다. 플레이그라운드 AI를 활용하면 프롬프트 공유 기능을 통해 에디터와 디자이너가 동일한 텍스트 기반 이미지 실험을 병렬적으로 수행할 수 있어 협업 속도 또한 향상된다.

그러나 모든 AI 이미지가 에디토리얼 콘텐츠에 적합한 것은 아니다. 에디토리얼 콘텐츠는 일반적으로 브랜드의 철학과 시선을 대변하므로, 시각적 톤 앤드 매너, 메시지 일관성, 신뢰감이 매우 중요하다. 따라서 AI 생성 이미지는 무작정 사용되기보다는 브랜드의 편집 기준과 시각 철학에 맞게 큐레이션된 결과물이어야 하며, 디자이너는 AI가 제안한 이미지 중에서 '보여 주고 싶은 이야기'와 '보여 주지 말아야 할 이미지'를 구분할 수 있는 시각적 윤리와 판단 기준을 가지고 있어야 한다.

결론적으로, 에디토리얼 콘텐츠에서 AI 이미지는 단순한 장식이 아닌 서사의 일부이자 메시지의 확장 도구로 기능하고 있다. 특히 빠르게 소비되는 디지털 콘텐츠 환경에서, AI는 시각적 몰입도를 높이고 복잡한 개념을 감각적으로 전달하는 데에 중요한 역할을 하며, 이는 디자이너가 단순 제작자에서 시각적 내러티브의 설계자로 전환되는 계기가 되고 있다. 앞으로 AI 이미지 생성은 뉴스레터, 기업 블로그, 매거진, 인터뷰 등 텍스트 중심 콘텐츠의 '사운드트랙 같은 이미지'를 담당하는 중요한 창작 파트너가 될 것이다.

참고문헌

박진아(2025.3.31). "패션에 특화된 디자인AI, '래스버리AI'". ≪디토앤디토≫. https://www.dito.fashion/Ditorian/?idx=160248546&bmode=view

AltexSoft(2023.7.10). AI image generation, explained: Techniques, applications, and limitations. https://www.altexsoft.com/blog/ai-image-generation/

Balasubramanian, M. & Periyaswamy, T.(2025). Rapid design prototyping using generative artificial intelligence: A case study comparing DALL-E, Midjourney and Firefly. *International Textile and Apparel Association Annual Conference Proceedings, 81*(1). doi:10.31274/itaa.18766

Black, J.(2025.11.20). DALL-E 3 vs Midjourney: Which AI photo tool is better?. *PickFu.* https://www.pickfu.com/blog/dall-e-vs-midjourney/

Dinesh, A.(2025.3.16). Midjourney vs. DALL·E: Which AI art generator is better?. *ClickUp.* https://clickup.com/blog/midjourney-vs-dall-e/

Roolf, A. J.(2025.2.11). Midjourney for image creation: What marketers need to know. *Modop.* https://www.modop.com/blog/midjourney-for-image-creation-what-marketers-need-to-know/

Thampanichwat, C., et al.(2025). Mindful architecture from text-to-image AI perspectives: A case study of DALL-E, Midjourney, and Stable Diffusion. *Buildings, 15*(6). doi:10.3390/buildings15060972

07
AI 기반 디자인 스타일 구축

AI를 도구로 활용하여 개인의 디자인 스타일을 유지하면서도 더 창의적이고 차별화된 콘텐츠 이미지를 만드는 방법을 제안한다. AI의 다양한 기능을 활용해, 기존의 스타일을 유지하면서도 새롭고 독창적인 이미지를 만들어 낼 수 있는 방법을 다룬다.

AI와 윤동주?

AI 도구를 활용한 개인 디자인 아이덴티티의 정립

디자이너의 정체성은 단순히 '무엇을 만드는가'가 아니라 '어떻게 해석하고 표현하는가'에 달려 있다. 이는 곧 디자이너마다 고유의 미감, 시각 언어, 사고 흐름, 조형 감각, 이미지의 리듬감 등이 존재한다는 뜻이며, 그것은 종종 '스타일'이라는 이름으로 불린다. 디지털 시대 이후 디자인 툴이 평준화되었음에도, 스타일의 차이는 여전히 디자이너의 경쟁력을 구분 짓는 기준이 되어 왔다. 그런데 최근 몇 년 사이 등장한 생성형 AI 이미지 도구는 이러한 스타일의 개념을 다시 질문하게 만든다. 왜냐하면 AI는 엄청난 양의 시각 데이터를 학습하고 이를 기반으로 디자이너가 원하는 스타일을 자동 생성하거나, 전혀 새로운 스타일을 제안하는 방식으로 결과물을 만들어 내기 때문이다.

문제는 여기서부터다. 디자이너가 AI의 결과물에만 의존할 경우, AI가 제안한 스타일이 오히려 디자이너 고유의 스타일을 침식하는 현상이 발생할 수 있다. 미드저니나 달리와 같은 도구는 때때로 너무 완성도 높은 이미지들을 생산하기 때문에, 이를 '내 결과물'로 착각하게 되는 오류에 빠질 수도 있다. 하지만 중요한 점은, AI 도구는 도구일 뿐, 디자이너의 스타일은 그것을 해석하고 조합하며 진화시키는 태도에서 비롯된다는 것이다. 다시 말해, 생성형 AI는 스타일을 '대체'하는 존재가 아니라, 스타일을 실험하고 정제하고 확장하는 도구로 자리매김해야 한다.

예를 들어, 한 일러스트 디자이너는 미드저니를 활용해 자신이 과거 5년간 작업한 스타일을 재해석하는 실험을 진행했다. 그는 자신의 포트폴리오에서 추출한 주요 이미지들을 기반으로 텍스트 프롬프트를 정교하게 설계해 유사한 느낌의 결과물을 생성한 동시에, 기존 스타일에서 부족했던 색감의 뉘앙스, 구도 처리, 여백 사용 등을 새롭게 조합하여 자기 스타일의 새로운 가능성을 찾아냈다. 이처럼 AI는 자신이 이미 보유한 감각을 빠르게 시각화하고, "이런 식으로도 가능하다"는 스타일의 변주 실험장이 될 수 있다.

또한 디자인 스타일은 고정된 것이 아니라 진화하는 것이다. 디자이너는 일정한 작업 패턴과 시각 코드를 가지더라도 시대적 흐름, 클라이언트 요청, 기술 도구의 변화 등에 따라 계속해서 스타일을 재구성해 나간다. 이때 AI는 기존의 스타일을 '복제'하는 데에 그치지 않고, 새로운 문맥과 테마를 실험해 보는 데에 매우 유효한 도구가 된다. 예를 들어, 패션 콘텐츠를 주로 작업하던 디자이너가 '공공 캠페인'에 어울리는 스타일을 찾기 위해 AI 도구에 환경, 사회, 윤리 등의 키워드를 중심으로 이미지를 생성해 보고, 그 결과물을 자기 언어로 재구성해 나가는 것이다. 이런 방식은 기존 스타일의 경계를 확장하면서도, 디자이너 본연의 방향성을 지키는 과정으로 작동한다.

결국 스타일이란 결과물이 아니라 '사유의 과정'이다. AI 도구는 수많은 이미지 버전을 즉각 생성해 주지만, 그 중 무엇을 선택하고 어떤 것을 버리며 어떤 디테일을 살려 내는지를 결정하는 것은 인간 디자이너의 몫이다. 디자인 스타일의 본질은 선택의 연속이며, AI는 그 선택을 더 풍요롭고 창의적으로 만드는 기회의 도구다. 따라서 디자이너는 AI를 통해 더 많은 이미지 실험을 할 수 있게 되었고, 그 실험은 '어떤 스타일이 나다운가'에 대한 본질적인 성찰로 이어진다. AI 시대의 디자인은 기술이 아니라, 그 기술을 해석하는 태도에서 차이가 발생한다. 디자이너의 스타일은 AI의 결과물에 좌우되는 것이 아니라, AI를 활용해 자기만의 시각 언어를 정립해 나가는 과정에서 빛난다.

반복 가능한 스타일 구축을 위한 프롬프트 시스템화와 창작 프레임

AI 이미지 생성 도구가 디자이너의 스타일을 실험하고 확장하는 데에 효과적인 역할을 한다면, 이제 다음 단계는 그 스타일을 반복 가능하고 일관되게 재현할 수 있도록 '시스템화'하는 과정이다. 이는 단순히 결과물의 시각적 유사성을 만드는 것을 넘어, 디자이너의 사고 흐름과 미적 기준을 텍스트 기반의 언어로 명확히 정리해 두는 작업이다. 특히 미드저니, 달리, 이마젠 등의 AI 툴은 프롬프트의 질과 구조에 따라 결과물이 크게 달라지기 때문에, 개인의 디자인 철학과 감각을 '프롬프트 언어화'하는 과정이 필수적이다.

예를 들어, 어떤 디자이너가 "따뜻한 자연광 아래 놓인 정물, 파스텔 톤, 절제된 여백, 3:4 비율"이라는 스타일을 반복적으로 추구한다면, 이 모든 요소를 구성하는 프롬프트 세트를 일정한 패턴으로 정리해 둘 수 있다. 이러한 세트는 일종의 디자인 매크로(design macro)처럼 작동하며, 스타일이 달라지더라도 핵심 구조는 유지된다. 이처럼 '자신만의 시각 언어'를 텍스트 기반의 반복 가능한 프레임으로 구축해 두면, 이후 콘텐츠 제작 속도는 더욱 빨라지고 결과물의 스타일 일관성도 보장된다.

특히 브랜드 디자인, SNS 콘텐츠 디자인, 시리즈형 프로젝트 등에서는 이러한 스타일 시스템화가 매우 강력한 전략 자산이 된다.

중요한 점은, 스타일 시스템화는 단순한 자동화가 아니라 의식적 실험과 수정의 반복을 통해 구축된다는 것이다. 디자이너는 동일한 프롬프트로 수십 개의 이미지를 생성해 보고, 그중 만족스러운 이미지를 선별한 후, 프롬프트 구조를 다시 분석하고 리디자인해 나간다. 이를 통해 반복 생성 가능한 스타일이 점차 정교해지고, 결국에는 하나의 창작 프레임워크로 자리 잡게 된다. 이렇게 축적된 프롬프트 구조는 디자이너의 창작 아이덴티티를 구체화할 뿐만 아니라, 필요할 경우 팀 내 다른 디자이너나 클라이언트와의 협업에서도 스타일 기준선으로 작용할 수 있다.

실제 사례로, 한 패션 크리에이티브 디렉터는 '레트로 퓨처리즘'을 테마로 한 브랜드 캠페인을 위해 미드저니를 활용해 네 개의 스타일 세트를 설계하고, 각 세트에 대해 톤, 소재, 조명, 구도, 감정 키워드를 조합한 프롬프트 가이드를 만들었다. 이 가이드는 팀 내 다른 디자이너들에게도 공유되어 전체 캠페인 이미지가 같은 세계관 안에서 다양하게 제작될 수 있었으며, 나아가 브랜드의 비주얼 스타일 가이드북 초안으로도 발전되었다. 즉, 개인의 스타일 프롬프트는 반복을 통해 브랜드화된 시각 자산으로까지 확장될 수 있다.

더 나아가, 일부 디자이너는 자신만의 프롬프트 체계를 정리한 '스타일 라이브러리'를 구축하고 있다. 이 라이브러리는 마치 폰트나 색상표처럼 시각적 결과를 예측 가능한 형태로 축적해 두는 도구이며, 다양한 프로젝트에 맞게 변형하거나 재조합할 수 있다. 이런 방식은 디자이너가 AI를 단순히 사용하는 수준에서 벗어나, AI의 출력을 기획하고 연출하는 위치로 올라서는 것을 의미한다. 그리고 그 과정에서 디자이너는 비로소 'AI로도 대체할 수 없는 스타일의 설계자'로 자리매김할 수 있게 된다.

결국, AI 이미지 생성은 더는 무작위적이고 즉흥적인 도구가 아니다. 디자이너가 자신의 시각 감각과 미적 기준을 체계적으로 언어화하고 반복할 수 있게 설계하는 한, AI는 지속 가능한 창작 시스템의 핵심 축이 된다. AI가 생성한 수많은 이미지 중에서 일관된 '나만의 것'을 만들기 위한 핵심은 결국 프롬프트 설계 역량, 이미지 판독 능력, 반복 실험을 통한 직관적 통제력이다. 디자이너가 자신의 스타일을 '시스템'으로 다룰 수 있는가의 여부가,

AI 시대의 진정한 전문성을 가늠하는 척도가 될 것이다.

개인 스타일에서 브랜드 스타일로의 확장

디자이너의 스타일이 AI를 통해 반복적이고 구조적으로 정리되었다면, 그다음 단계는 이러한 스타일을 개인적인 감각의 영역을 넘어 브랜드 아이덴티티로 확장하는 과정이다. 많은 디자이너가 프리랜서로, 또는 기업 내부에서 브랜드 디자인을 담당하면서 겪는 과제 중 하나는, 바로 '자신의 시각 언어'와 '브랜드 고유 정체성'을 어떻게 접목할 수 있는가에 대한 고민이다. 여기서 AI 이미지 생성 도구는 단순히 개인의 스타일을 보조하는 데에 그치지 않고, 브랜드의 시각적 세계관을 확장하고 정립하는 데에 핵심적 도구로 작용할 수 있다.

브랜드 디자인은 본질적으로 '일관성'과 '확장성'을 동시에 요구한다. 즉, 특정한 느낌, 분위기, 톤 앤드 매너가 브랜드를 떠올릴 수 있도록 반복되어야 하며, 그와 동시에 다양한 콘텐츠 포맷(배너, SNS, 웹사이트, 제품 포장 등)에서도 유연하게 변형될 수 있어야 한다. 이때 AI 이미지 생성은 브랜드의 시각적 키워드를 다양한 문맥에 적용해 보고, 그 일관성과 가변성을 실험하는 실험실이 된다. 예를 들어, 지속 가능성과 정서적 안정감을 키워드로 하는 뷰티 브랜드는 "부드러운 자연광, 손에 쥔 투명한 화장품 용기, 베이지 톤 배경, 편안한 표정의 인물"이라는 프롬프트 조합을 통해 수십 개의 이미지 샘플을 생성하고, 이를 통해 브랜드 스타일북에 수록할 수 있는 가이드를 만들어 낼 수 있다.

중요한 점은, 이 과정에서 개인의 디자인 감각이 브랜드 전략에 봉사하면서도 소멸되지 않는 방식으로 작동해야 한다는 것이다. 즉, 디자이너는 AI 도구를 통해 수많은 시각적 변형을 실험할 수 있고, 그중에서도 브랜드 철학과 정체성을 가장 잘 전달하면서도 자신의 스타일적 특성이 녹아든 이미지를 선별해야 한다. 이것이 곧 '브랜드 내 개인 작가성'의 확립이며, AI는 그 과정을 빠르고 효율적으로 반복 가능하게 만들어 주는 도구이자 편집 파트너가 된다.

또한 AI는 브랜드 캠페인에서 시리즈 콘텐츠를 제작할 때 매우 유용하다. 예를 들어, 계절별로 다른 테마를 가진 시각 콘텐츠를 기획해야 할 경우, 디자이너는 동일한 스타일 프레임을 유지하면서도 색상, 감정 톤, 배경 요소 등을 부분적으로 조절하는 방식으로 수십 개의 버전을 손쉽게 실험할 수 있다. 이 과정에서 '일관성과 차별성'이라는 디자인의 핵심 딜레마를 AI의 반복 생성 기능을 통해 해결할 수 있으며, 이는 곧 브랜드의 비주얼 스토리텔링 품질을 높이는 결과로 이어진다.

궁극적으로, 디자이너가 AI를 통해 구축한 개인 스타일은 브랜드 디자인의 중요한 전략 자산으로 기능할 수 있으며, 이는 디자이너 본인의 경쟁력을 높이는 동시에 브랜드의 시각적 정체성을 차별화하는 역할을 한다. AI 도구를 단순한 자동화 툴로 바라보는 것이 아니라, 디자인 전략을 구체화하고 스타일을 브랜딩하는 창조적 장치로 이해할 때, 디자이너는 AI 시대에 더 강력한 주체로 설 수 있다. 스타일은 이제 감각의 문제가 아니라, 구조화된 창의성과 브랜드 전략의 결합체로 작동하고 있다.

창의성과 브랜드 정체성을 아우르는 디자이너의 전략적 역할

AI의 급속한 발전은 디자인을 둘러싼 모든 질서를 재편하고 있다. 반복적이고 기계적인 작업은 AI에 의해 빠르게 대체되고 있으며, 그 여파는 단순한 '도구의 변화'가 아니라 디자이너의 역할 자체를 다시 정의하게 만든다. 이 변화의 중심에서 디자이너가 해야 할 가장 중요한 일은 단순한 이미지 생산을 넘어서, 자신만의 창의성과 브랜드 철학을 연결하는 '전략가'로서의 정체성을 갖추는 것이다. 이미지가 넘쳐 나는 시대일수록, '무엇을 만들 것인가'보다 '왜 이 이미지를 선택하고 구성했는가'라는 질문이 더 중요해지고 있다.

이제 디자이너는 단순히 시각 요소를 만드는 사람이 아니라, 브랜드의 정체성과 일관성을 시각적으로 설계하고 유지하는 큐레이터 역할을 해야 한다. 특히 AI 이미지 생성 도구의 보편화는 누구나 고퀄리티 이미지를 만들 수 있는 환경을 제공하지만, 그것이 곧 차별적인 콘텐츠를 보장하지는 않는다. 진정한 차별성은 여전히 디자이너의 사고방식, 해석력, 조형 판단력에서 나온다. AI가 생성한 수많은 이미지 중에서 '브랜드에 맞는 것', '현재 맥락에 적절한 것', '사용자의 감성을 자극하는 것'을 구분하고 연결해 내는 힘은 결국 디자이너의 기획 능력과 미적 판단에서 비롯된다.

따라서 AI 시대에 디자이너는 도구를 '활용하는' 단계를 넘어, AI 결과물을 기획하고 큐레이션하는 전략적 설계자가 되어야 한다. 자신의 스타일을 반복 가능하고 구조적으로 만들되, 그 스타일이 브랜드의 목표, 타깃 감성, 미디어 플랫폼의 특성과 조응하도록 유연하게 확장할 수 있어야 한다. 이 과정에서 AI는 창작의 가속 장치이자 실험 파트너로, 디자이너는 의도와 전략을 입히는 해석자로 기능하게 된다. 그리고 이 역할의 전환이야말로 AI 시대에도 여전히 디자이너가 필요한 근본적인 이유이기도 하다.

이처럼 AI가 주도하는 이미지 제작 환경 속에서도 디자이너의 창의성은 결코 소외되지 않는다. 오히려 AI는 디자이너가 스타일을 더 정교하게 실험하고 브랜드 정체성을 더욱 통합적으로 설계할 수 있도록 돕는 도구가 된다. 결국 디자이너는 AI와 함께 작업하는 가운데, 기계가 대신할 수 없는 사고력과 직관, 그리고 의미 있는 연결성을 통해 독자적인 스타일을 발전시킨다. 이것이 바로 AI를 도입한 디자인 환경에서 디자이너의 본질적 가치와 지속 가능성을 확보하는 방법이며, 앞으로의 시대에 디자이너가 단순 제작자가 아닌 브랜드와 감성의 전략적 통역자로 거듭나야 하는 이유이기도 하다.

참고문헌

변계현·김기범(2025). “AI 기반 사이키델릭 레트로 스타일 그래픽 이미지 생성 연구”. 《문화예술산업연구》, 25(2), 1~9쪽.

손효림·이창근(2024). “디자인 분야의 인공지능(AI) 활용 전략: 심층 인터뷰를 중심으로”. 《디지털콘텐츠학회논문지》, 25(8), 2035~2044쪽.

이하은(2020). “AI(심층 신경망) 기반 360 스타일 전이 엔진 구축을 통한 예술가스타일 표현 특성 연구". 홍익대학교 영상·커뮤니케이션대학원 석사학위 논문.

장지위·송지성(2024). "생성형 AI를 활용한 라이프스타일 호텔 로비 공간 바이오필릭 디자인에 시각화 관한 연구". 《공공디자인연구》, 4(4), 60~69쪽.

정현·이진국(2023). "이미지 생성 AI 기반 디자인 스타일 조합을 통한 실내 공간 디자인 시각화의 새로운 접근 방법 제안". 《한국주거학회논문집》, 34(6), 17~24쪽.

08
AI 활용 포트폴리오 전략

디자인 포트폴리오에서 AI를 효과적으로 활용하는 방법을 다룬다. 콘텐츠 이미지에서 AI를 활용하여 작업 속도를 높이고, 더 다채롭고 세련된 이미지를 만들어 내는 전략을 소개한다. AI 툴을 사용해 작품을 빠르게 시각화하고 개성을 살리는 방법을 제시한다.

AI와 한의학?

AI 이미지 기반 포트폴리오의 재구성과 차별화 전략

포트폴리오는 디자이너에게 단순한 작업물의 모음이 아니라 자기 사고와 미적 감각, 문제 해결 능력, 시각적 언어를 구조화하여 보여 주는 일종의 설계도다. 디자이너는 포트폴리오를 통해 '무엇을 만들었는가'보다는 '왜 그렇게 만들었는가'를 설득력 있게 전달해야 하며, 이 과정에서 이미지 자체보다 이미지를 구성한 의도와 사고의 흐름이 더 큰 영향력을 발휘한다. 이러한 점에서 최근 디자이너들이 생성형 AI 도구를 활용하여 제작한 이미지들을 포트폴리오에 포함하는 사례가 늘어나고 있다. 그러나 단순히 '잘 만들어진 AI 이미지'를 나열하는 것은 포트폴리오로서의 설득력을 담보하기 어렵다. 오히려 중요한 것은 그 이미지가 어떻게 생성되었고, 어떤 목표와 전략 속에서 선택되었는지를 설명할 수 있는 구조화된 문맥이다.

AI 기반 이미지를 포트폴리오에 포함시키는 첫 번째 전략은 프롬프트 설계 과정의 시각화다. 단순히 최종 이미지만 보여 주는 것이 아니라 프롬프트 조합 방식, 반복 실험의 예시, 중간 이미지 버전들을 함께 구성하면, 디자이너가 단순 소비자가 아니라 AI를 기획 도구로 활용하는 능력을 가진 창작자임을 드러낼 수 있다. 예를 들어, '미래 도시'라는 주제를 설정하고 미드저니로 다양한 프롬프트 실험을 거친 후 최종적으로 선택된 이미지와 함께, 어떤 키워드 조합이 왜 선택되었는지를 문서화하면, 이는 디자이너의 비주얼 사고 과정을 간접적으로 전달하는 포맷이 된다. 이 방식은 클라이언트나 채용 담당자에게도 해당 디자이너가 AI 툴을 단순 실행이 아니라 문제 해결과 창의적 기획의 연장선상에서 활용할 수 있다는 점을 강조할 수 있다.

두 번째 전략은 AI와 수작업 디자인 간의 통합 사례를 제시하는 방식이다. 예를 들어, 포스터 디자인 프로젝트에서 미드저니로 생성한 배경 이미지를 바탕으로, 포토샵이나 일러스트레이터에서 직접 타이포그래피와 아이콘, 색상 조합 등을 디자인해 AI와 인간의 협업 결과물을 만들었다면, 이 과정을 타임라인 형태로 제시하는 것이 효과적이다. 이런 방식은 단지 AI에 대한 기술적 숙련도를 넘어서, AI를 전체 디자인 워크플로 안에서 의미 있게 통합하는 사고력과 감각을 보여 준다. 즉, 디자이너가 어떤 단계에서 AI를 끌어들이고, 어떤 단계에서는 인간의 감각으로 보완했는지를 설명함으로써, 기술과 감성의 균형을 유지하는 디자이너의 역량을 전달할 수 있다.

마지막으로 중요한 전략은 브랜드 포지셔닝 또는 디자인 아이덴티티 관점에서 AI 작업을 서술하는 것이다. 포트폴리오에 포함된 AI 기반 이미지가 특정 브랜드의 분위기, 가치, 타깃 감성에 어떻게 부합하는지를 논리적으로 설명하면, 그것은 단순히 '이미지 예쁘게 만든 사람'이 아니라, 브랜드에 대해 전략적으로 사고하는 디자이너임을 보여 준다. 실제로 최근 몇몇 디자인 스튜디오나 스타트업에서는 AI 생성 이미지를 활용한 브랜드 콘셉트 제안서를 포트폴리오에 삽입하여, 기존 디자이너 포트폴리오와는 다른 브랜드 전략 + 시각 결과물의 융합형 사례를 강조하고 있다. 이처럼 AI 이미지가 포트폴리오에 포함될 때는 '이미지의 외형'보다는 이미지의 의도, 맥락, 브랜드화 가능성을 어떻게 설명하느냐에 따라 진정한 차별성이 부여된다.

요약하자면, AI 활용 포트폴리오는 '결과물 중심'이 아니라 '과정 중심'의 서사 구조로 설계되어야 하며, 디자이너가 AI 도구를 얼마나 전략적으로 활용할 수 있는지, 그것을 자신의 감각과 브랜드 전략에 어떻게 접목시킬 수 있는지를 보여 주는 것이 핵심이다. 이미지의 완성도는 이제 누구나 어느 정도 수준까지는 도달할 수 있는 시대다. 그 안에서 경쟁력을 가지기 위해선, 어떤 프롬프트를 왜 썼고 그 이미지가 어떤 디자인 맥락과 연결되며, 어떤 방식으로 사람의 손길이 더해졌는지를 드러내는 구성 전략이 필요하다. 포트폴리오란 결국 '이미지 모음'이 아니라 '의도의 결과물'이기 때문이다.

커리어 관점에서의 AI 포트폴리오 활용 전략과 시장 반응

오늘날 디자인 업계는 빠르게 변화하고 있으며, 그 중심에는 AI 기반 디자인 역량에 대한 수요 증가가 있다. 특히 기업의 채용 시장에서는 단순히 '디자인 툴을 잘 다루는 인재'보다는, 기술 변화에 유연하게 적응하고 이를 자기 역량으로 전환할 수 있는 인재를 선호하는 경향이 뚜렷하다. 이에 따라 AI 이미지 생성 도구를 전략적으로 활용한 포트폴리오는 디자이너의 학습 능력, 창의적 문제 해결력, 기술 트렌드에 대한 민감성을 모두 보여 주는 지표로 작용한다. 특히 디자인 포지션을 채용하는 기업이나 크리에이티브 에이전시는 이제 'AI와의 협업 능력'을 하나의 핵심 역량으로 판단하고 있으며, 이러한 경향은 신입보다 경력 디자이너에게 더 강하게 요구되고 있다.

실제로 최근 대기업과 테크 기반 스타트업에서 진행된 디자인 포트폴리오 평가 사례를 보면, 단순 시각적 결과물보다 그 결과를 도출한 '사고의 과정'을 어떻게 설명하는가가 더욱 중요한 평가 기준이 되고 있다. 이때 AI 툴의 활용은 단지 작업 속도를 높이는 데에 그치지 않고, '이런 툴을 어떻게 전략적으로 해석했는가'라는 메타 인지 능력을 강조하는 기회가 된다. 예를 들어, 브랜드 리디자인 프로젝트를 수행하면서 미드저니를 활용해 브랜드의 새로운 톤 앤드 매너를 제시하고, 이를 포스터, 웹배너, 패키지 등에 통합해 구현한 포트폴리오는 '창작력 + 전략 + 기술의 삼박자'를 보여 주는 훌륭한 사례로 평가받는다.

또한 프리랜서 디자이너의 경우, 클라이언트와의 제안서 작성 단계에서 AI 기반 이미지 샘플을 빠르게 제시하는 능력이 경쟁력으로 작용한다. 기존에는 무드 보드나 참고 이미지를 외부 출처에서 가져와야 했지만, 이제는 생성형 AI를 통해 특정 콘셉트에 맞춘 고퀄리티 이미지를 즉석에서 생성할 수 있기 때문에, 기획 초기 단계부터 디자이너의 기획력과 시각화 역량을 강하게 어필할 수 있다. 이런 방식은 특히 브랜드 초기 설계, 캠페인 기획, SNS 콘텐츠 전략 등 빠른 시각 대응이 필요한 영역에서 높은 평가를 받는다. 이때 포트폴리오에 단순 결과물만 넣기보다는 기획-생성-편집-적용의 전 과정을 타임라인 형식으로 설명하면 더욱 효과적이다.

AI 포트폴리오가 커리어 전환에도 활용될 수 있다는 점도 중요하다. 예를 들어, 순수 미술 전공자가 AI 이미지 생성을 통해 일러스트레이터나 콘텐츠 디자이너로 커리어를 확장하는 사례가 증가하고 있다. 기존에는 그래픽 디자인 소프트웨어의 기술적 장벽이 높아 도전이 어려웠던 영역이었지만, 이제는 AI 도구를 통해 자기 감각을 디지털 이미지로 시각화하고, 이를 기반으로 새로운 영역에 진입할 가능성이 열린 것이다. 이러한 흐름은 디자이너에게 'AI는 경력을 축소하는 도구'가 아니라 '경력을 확장하고 재정의하는 플랫폼'이라는 관점을 심어주고 있다.

요약하자면, AI 기반 포트폴리오 전략은 단순히 '새로운 툴을 써 봤다'는 수준을 넘어서, 자신의 디자인 정체성을 기술적 진화와 접목하여 커리어를 확장하는 전략적 사고방식을 드러내는 장치다. 결과적으로 디자이너가 얼마나 능동적으로 기술을 수용하고 그것을 자기 언어로 변환해 활용할 수 있는지, 그리고 그것을 어떻게 시장과의 접점에서 설명하고 제안할 수 있는지가 AI 시대의 커리어 경쟁력을 좌우한다. 포트폴리오는 단지 과거의 결과물 모음이 아니라, 앞으로의 방향성과 태도를 보여 주는 설계도임을 잊지 말아야 한다.

실무 활용 사례와 AI 기반 포트폴리오의 실제 구성법

AI를 활용한 디자인 포트폴리오가 이론적 가능성을 넘어서 실제 실무 현장에서 어떻게 활용되는지에 대한 질문은 이제 많은 디자이너의 관심사다. 단순히 'AI 툴을 사용했다'는 사실만으로는 실무에 통용되지 않기 때문에, 실질적으로 어떤 방식으로 포트폴리오에 구성하고, 기업 또는 클라이언트와의 접점에서 어떻게 기능하는지를 명확하게 보여 주는 것이 중요하다. 이를 위해 최근 몇몇 디자인 스튜디오, 프리랜서 디자이너, 브랜드 에이전시에서는 AI를 활용한 이미지 작업을 기획 → 생성 → 보완 → 적용 → 피드백이라는 다섯 단계로 체계화하고 있으며, 이 구조를 그대로 포트폴리오에 반영하고 있다.

첫 번째 사례는 한 패션 브랜드 론칭 프로젝트에서 AI 도구를 활용한 이미지 기반 무드 보드 제안이다. 디자이너는 브랜드의 핵심 콘셉트를 '레트로 퓨처리즘'으로 설정하고, 미드저니를 사용하여 각 콘셉트를 시각적으로 제안할 수 있는 다섯 가지 스타일 보드를 만들었다. 각각은 조명, 구도, 인물의 표정, 배경 스타일 등의 조합이 달랐으며, 이 보드를 기반으로 클라이언트와의 미팅을 진행해 최종 콘셉트를 결정했다. 이 과정은 포트폴리오상에서 콘셉트 제안 → 프롬프트 설계 → 결과물 시각화 → 클라이언트 피드백 → 최종안 도출로 구성되어, AI 이미지가 단순 참고 자료가 아닌 실제 의사 결정의 촉매 역할을 했다는 점을 강조했다.

두 번째 사례는 교육 분야 콘텐츠 디자이너의 포트폴리오 구성 방식이다. 이 디자이너는 초등 과학교육 앱 UI(User Interface, 사용자 인터페이스)를 개발하면서, AI를 활용하여 인터랙티브 콘텐츠에 적합한 비주얼 캐릭터와 배경 이미지를 제작했다. 단계별로 미드저니와 달리를 활용하여 수십 개의 시안을 생성한 후, 내부 교육 기획자들과 협의하여 캐릭터의 정서, 색상 톤, 학습 몰입도를 고려한 최종 이미지를 결정했다. 포트폴리오에서는 그 이미지들이 '학습 몰입도 향상'이라는 목적에 어떻게 기여했는지를 구조화하여 제시하고, AI 이미지가 단지 시각 요소가 아닌 교육 목적 달성에 기여한 도구였다는 점을 강조했다.

이처럼 실무 중심의 포트폴리오 구성은, 단순히 아름다운 이미지를 나열하는 방식이 아니라, 문제 해결 중심의 사고 과정과 시각화 전략의 연결을 보여 주는 것이 핵심이다. 특히 프롬프트 설계 과정, 이미지 선택 기준, 디자인 적용 방식, 피드백을 반영한 개선 과정 등은 모두 '디자이너가 AI를 어떻게 사고하고 전략화하는지'를 보여 주는 유효한 증거 자료가 된다. 또한, AI 기반 이미지와 후속 디자인(예: 타이포그래피 적용, 편집 레이아웃, 실사용 장면 등)을 함께 제시함으로써, AI 이미지가 실제 콘텐츠 제작의 일환으로 맥락에 녹아드는 방식을 보여 줄 수 있다.

실제 구성 시에는 각 프로젝트별로 1) 프로젝트 개요, 2) 기획 목적, 3) AI 도구 활용 방식, 4) 생성 이미지와 설명, 5) 후속 편집과 응용 결과, 6) 최종 평가 · 피드백의 6단계 구조를 기본 포맷으로 활용하면 좋다. 이러한 구성은 채용자나 클라이언트에게 디자이너가 단순 작업자가 아닌 기획형 디자이너이자 AI 디렉터로 성장 가능성이 있는 인물임을 인식시키는 데에 효과적이다. 이처럼 실무형 AI 포트폴리오는 시대적 트렌드를 반영함과 동시에, 디자이너의 창의성과 문제 해결력을 구체적으로 증명하는 전략적 장치가 된다.

포트폴리오 제작 시 유의 사항과 미래 방향성

AI 도구를 활용한 포트폴리오는 창의력과 기술력을 결

합한 강력한 경쟁 수단이 될 수 있지만, 그와 동시에 몇 가지 중요한 유의사항을 반드시 고려해야 한다. 가장 먼저 짚어야 할 점은 창작의 주체성과 윤리성에 대한 문제다. 생성형 AI는 누구나 비슷한 퀄리티의 이미지를 만들 수 있게 해 주지만, 그렇기에 더욱 '자신만의 정체성'이 뚜렷해야 한다. 단순히 멋진 이미지를 모아서 포트폴리오를 구성하는 것이 아니라, 해당 이미지가 왜 만들어졌는지, 어떤 기획과 문제의식에서 출발했는지를 명확히 서술해야 한다. 특히 상업적 프로젝트에 활용한 AI 이미지는 저작권 이슈, 프롬프트 설계에 따른 유사도 문제 등을 고려해, 출처와 수정 내역을 투명하게 밝히는 것이 중요하다.

또한, 포트폴리오 전체의 톤 앤드 매너 일관성을 유지하는 것도 간과해서는 안 된다. 다양한 AI 도구에서 생성한 이미지들이 각각의 스타일을 갖고 있는 만큼, 포트폴리오 전체 흐름과 시각 언어의 통일성이 흐트러지지 않도록 조율해야 한다. 이를 위해 각 프로젝트 앞부분에 '프롬프트 설계 목적'과 '디자인 방향'을 명시하거나, 포트폴리오 전체에 공통된 컬러 가이드와 텍스트 스타일을 적용해 일관된 브랜딩 구조를 갖추는 것이 좋다. 이런 통일성은 디자이너의 기획력뿐 아니라 콘텐츠를 구조화하고 서사화하는 능력까지 함께 보여 주는 효과가 있다.

AI 포트폴리오의 미래는 더 많은 플랫폼 연동과 실시간 시각화로 이어질 것이다. 비핸스(Behance), 노션(Notion), 피그마와 같은 플랫폼에서도 이제 AI 기반 생성과 기록 기능이 탑재되고 있으며, 이를 통해 단순 이미지 모음에서 벗어나 실시간 디자인 실험 과정까지 보여 주는 포맷으로 진화하고 있다. 또한 인터랙티브한 방식으로 프롬프트, 생성 결과, 편집 과정을 시청자가 클릭하거나 조작할 수 있는 형태의 포트폴리오도 시도되고 있으며, 이는 특히 디지털 크리에이터나 웹 기반 콘텐츠 디자이너에게 적합하다. 미래의 포트폴리오는 정적인 이미지 PDF가 아니라, 디자인 사고와 실험의 흐름을 공유하는 플랫폼화된 콘텐츠로 변모할 가능성이 크다.

마지막으로, 디자이너는 AI 포트폴리오를 제작할 때 단지 최신 트렌드를 따라가기보다는, 자신의 미적 철학과 문제 해결 능력, 브랜드 전략 감각을 효과적으로 보여 줄 수 있는 '맥락 중심'의 구성 전략을 갖춰야 한다. AI 도구는 어디까지나 '확장기'이지 '핵심 엔진'이 아니다. 따라서 디자이너가 중심을 잡고 AI를 보조적 도구로 운용하며, 그 결과물을 전략적으로 포장하고 제시할 수 있어야만 진정한 경쟁력을 확보할 수 있다. 이와 같은 관점에서 AI 포트폴리오는 단순 작업물이 아니라 디자이너의 사고 구조와 브랜드 통찰을 시각적으로 설계한 산출물로서 자리매김해야 한다.

참고문헌

김성림·권준희(2024). "취업 포트폴리오 제작을 위한 생성형 AI 활용 연구". 《디지털산업정보학회논문지》, 20(3), 1~12쪽.

이준오·박승배(2024). "감성 언어 기반의 생성형 AI 디자인 콘텐츠 사례 연구: 브랜드 홍보영상을 중심으로". 《상품문화디자인학연구》, (77), 219~230쪽.

장운초(2024). "생성형 AI를 활용한 영상 콘텐츠 제작 과정 연구". 《커뮤니케이션디자인학연구》, 88, 315~326쪽.

09
AI와 디자인 직군 변화

AI가 발전함에 따라 새로운 디자인 직군이 탄생하고 있다. AI 프롬프트 엔지니어, AI 크리에이티브 디렉터 등의 직업을 소개하고, 이러한 직군들이 콘텐츠 이미지 제작에 어떻게 변화를 가져올지 알아본다.

AI와 화장품?

변화하는 디자인 생태계와 새로운 직무의 등장

지난 수십 년간 디자인 업계는 도구의 변화에 따라 직무의 형태가 바뀌어 왔다. 포토샵과 일러스트레이터 같은 그래픽 소프트웨어의 등장은 '손으로 그리는 디자이너'에서 '디지털 그래픽 디자이너'로의 전환을 이끌었고, 모바일 디바이스와 함께 UX(User Experience, 사용자 경험)/UI(User Interface, 사용자 인터페이스) 디자이너라는 새로운 직무가 등장했다. 이제는 생성형 AI의 도입이 디자인 생태계에 또 다른 거대한 지각 변동을 일으키고 있다. 특히 이미지 생성, 기획, 편집, 모션 그래픽, 프로토타이핑 등 디자인의 다양한 업무가 AI와 결합되면서, 디자이너는 이제 '이미지 만드는 사람'에만 머물 수 없게 되었고, 기획자 · 엔지니어 · 전략가로의 역할 확장이 요구되고 있다.

최근 실무에서는 'AI 디자인 보조자'나 '프롬프트 엔지니어(prompt engineer)'와 같은 새로운 직군이 실질적으로 등장하고 있다. 이들은 단순히 툴을 사용하는 것이 아니라, 텍스트 기반의 명령어로 AI를 정확하게 제어하고 원하는 시각적 결과를 도출해 내는 능력이 핵심 역량이다. 디자인 직군에서 프롬프트 엔지니어의 역할은 단순 실행자가 아니라, AI를 통한 크리에이티브 디렉팅과 스타일 연출을 가능하게 하는 중간 설계자로 기능한다. 즉, 창의력과 기술을 동시에 갖춘 복합형 인재가 요구되는 셈이다. 이와 유사하게 'AI 크리에이티브 디렉터'는 기업 브랜드나 광고 캠페인에서 AI 이미지 생성과 연계된 아트 디렉션을 총괄하며, 데이터 기반의 시각 전략을 설계한다.

실제 사례를 보면, 패션이나 게임 콘텐츠 산업에서 프롬프트 디자이너(prompt designer)라는 직군이 생겨나고 있으며, 이들은 한정된 시간 안에 수백 개의 시각적 스타일을 실험하고, 이를 기획자 · 브랜더와 연결하여 최종 스타일 방향성을 제시하는 업무를 맡고 있다. 과거에는 이런 작업을 수십 명이 며칠간 수행했다면, 이제는 AI 툴을 조율할 수 있는 한 명의 프롬프트 전문가가 전체 제작 기간을 획기적으로 단축하고 있다. 이들은 단지 효율성을 높이는 역할이 아니라, 브랜드 전략과 감성 연출을 동시에 조율하는 실무 핵심 인력으로 자리 잡고 있다.

더불어 교육 기관이나 디자인 학과에서도 이러한 변화에 대응해 커리큘럼을 개편하고 있다. 기존의 '툴 실습 중심 교육'에서 벗어나, AI 툴을 어떻게 전략적으로 활용할지, 디자인 과정 안에서 인간의 창의성과 AI의 조화를 어떻게 기획할지에 대한 수업이 늘고 있다. 특히 학생들이 프롬프트 설계, 이미지 생성 실험, 그 결과물에 대한 비평을 수행하면서, 단순한 사용자가 아니라 AI와 협업할 수 있는 창작자로 거듭나는 기초를 마련하고 있다. 이러한 변화는 장기적으로 디자이너의 역할을 '결과물을 만드는 사람'에서 '경험을 설계하고 기술을 조율하는 사람'으로 재정의할 것으로 보인다.

요컨대, AI는 디자인 직군의 종말을 가져오는 것이 아니라, 오히려 새로운 기회를 창출하고 있다. 문제는 그것을 어떻게 받아들이고, 어떤 방식으로 자신의 역량 안에 통합하느냐다. AI가 디자인 언어와 기술을 빠르게 변화시키고 있는 지금, 디자이너는 단지 형태를 만드는 사람에서 벗어나, 의미와 흐름을 설계하는 전략가이자 기술 통합자로의 진화가 요구되고 있다. 따라서 새로운 직군에 대한 인식과 준비는 이제 선택이 아니라 생존의 조건이 되고 있다.

AI 직군의 역할 구분과 협업 사례

AI 기술이 디자인 산업에 본격적으로 도입되면서, 기존의 직무 구분과는 다른 신유형의 직무 역할군이 출현하고 있다. 이는 단순히 새로운 명칭이 생겨난다는 것을 넘어, 업무의 내용, 책임, 요구되는 기술 역량 자체가 완전히 달라졌음을 의미한다. 예를 들어, 전통적인 시각 디자이너는 주어진 요구에 따라 결과물을 제작하는 데에 초점이 있었다면, 오늘날 프롬프트 디자이너는 AI가 이해할 수 있도록 언어로 시각적 상상력을 구조화하고, 결과물의 품질을 판단하는 기준을 갖추는 것이 핵심이다. 이들은 단순히 '이미지를 생성하는 사용자'가 아니라, AI의 출력 방향을 설정하는 기획자이자 설계자로서의 역할을 맡는다.

또 다른 직군으로 부상하는 것은 AI 콘텐츠 큐레이터다. 이 직군은 AI가 만든 다양한 결과물 중 브랜드 전략이나 디자인 콘셉트에 부합하는 것을 선별하고, 편집·보정·재조합하는 역할을 맡는다. 콘텐츠 이미지가 마케팅, SNS, 제품 브랜딩 등 다양한 채널에서 활용되는 만큼, 큐레이터는 AI 생성물의 가공도 중요하게 다뤄야 한다. 특히 미드저니, 달리, 어도비 파이어플라이 등의 툴로 생성된 수십 개 이미지 중에서 하나의 톤 앤드 매너로 통합하는 조합 능력이 실무 경쟁력으로 작용한다. 이는 단순히 디자인 감각을 넘어, 전략적 시각 연출과 트렌드 분석 능력이 중요한 요소가 된다.

실무 현장에서 이러한 직군은 실제 프로젝트에서 적극적으로 활용되고 있다. 예를 들어, 글로벌 패션 브랜드의 크리에이티브 팀에서는 AI 아트 워크 매니저라는 직책을 두고, 시즌별 콘셉트를 AI로 시뮬레이션하고 이를 바탕으로 편집, 기획, 실제 프로덕션으로 이어지는 작업을 총괄하게 한다. 이들은 디자이너와 마케터, 테크 리드 간의 중간 연결자(hybrid communicator) 역할을 수행하며, 특히 빠른 시장 반응이 필요한 콘텐츠 이미지 제작에서 중심적인 역할을 맡는다. 마찬가지로, IT 기업의 UI/UX 부서에서도 AI 기반 와이어프레임 디자이너가 프롬프트를 통해 인터페이스 구조를 설계하고, 이를 개발 단계와 연계해 프로토타이핑 과정을 단축하는 방식으로 일하고 있다.

이처럼 AI 직군은 정형화된 디자이너의 역할을 넘어, 기획자 · 분석가 · 디렉터의 역할을 겸비한 '하이브리드 직군'으로 나아가고 있으며, 그 중심에는 '언어로 이미지와 의미를 설계하는 능력'이 있다. 이는 기존의 시각 언어 능력에 더해, 텍스트 기반 사고력과 기술적 실험 역량이 요구되는 형태로 확장되고 있다. 더불어 조직 구조 측면에서도 디자이너의 포지션은 점차 수평적 · 융합적인 형태로 바뀌고 있으며, 이는 향후 디자인 전공자들이 '무엇을 할 수 있는가'에 대한 새로운 자기 정의를 요구한다. 단순한 툴 사용 능력을 넘어, AI를 통해 새로운 구조를 상상하고 제안하는 능력이 미래 직무 경쟁력의 핵심이 되고 있는 것이다.

디자인 교육의 전환과 직무 대응 전략

생성형 AI가 실무에 깊숙이 침투하면서, 대학의 디자인 교육과 직업 재교육 프로그램도 급속히 변화하고 있다. 과거에는 '툴을 능숙하게 다루는 능력'이 교육의 주요 목표였지만, 이제는 AI 툴을 활용한 기획력, 사고력, 전략적 적용 능력이 핵심으로 부상하고 있다. 실제로 국내외 여러 대학에서는 'AI와 디자인'이라는 이름의 과목을 신설하거나 기존 시각 디자인, 산업 디자인 커리큘럼 내에 프롬프트 디자인, 생성형 AI 실습, 윤리적 디자인 등을 융합하고 있다. 이는 학생들이 단순한 조작자가 아닌 창의적 협업자, 디지털 전략가로 성장할 수 있는 기반을 제공하기 위한 시도다.

교육 현장에서의 가장 큰 변화는 '정답 없는 실험'을 강조하는 방식이다. 미드저니, 달리, 런웨이 같은 AI 툴을 도입한 수업에서는 학생들에게 구체적인 지시보다, 문제를 스스로 정의하고 AI를 통해 실험하고 결과를 해석하는 프로젝트 중심의 교육이 이뤄지고 있다. 예를 들어, "도시의 미래 교통을 시각화하라"라는 과제가 주어

졌을 때, 학생들은 각각 다른 프롬프트와 생성 툴을 이용해 결과물을 도출하고, 이를 시각적 전략, 사회적 메시지와 연결해 발표한다. 이런 방식은 디자이너의 사고 과정을 시각화하는 훈련이자, AI가 창의성에 어떤 방식으로 기여할 수 있는지를 탐색하는 과정이기도 하다.

더불어, 프롬프트 설계에 대한 체계적인 교육도 확대되고 있다. 프롬프트는 이제 단순한 명령어가 아니라, 언어 기반의 디자인 설계 문법이다. 텍스트 한 줄에 따라 이미지의 질감, 구도, 컬러 톤, 감정이 달라지기 때문에, 학생들은 반복 실험을 통해 '텍스트-비주얼 상응 능력'을 체득하게 된다. 일부 대학은 프롬프트 라이브러리 구축 과제를 통해, 학생들이 자신만의 언어 스타일과 시각 표현 공식을 정리하도록 유도하며, 이는 나아가 AI 디자인 정체성 형성으로 이어진다.

실무 중심의 단기 교육 기관들도 빠르게 움직이고 있다. 디자인 아카데미, 직업 훈련 기관, 온라인 클래스 플랫폼 등에서는 'AI 콘텐츠 제작 전문가', '프롬프트 엔지니어링 입문', 'AI 아트 워크 크리에이터' 같은 과정을 신설하며 수요자 중심의 교육을 강화하고 있다. 특히 실무에서는 포트폴리오 실습 중심 교육이 선호되며, 교육 대상자는 단기간에 AI 툴 숙련도를 높이는 동시에 실제 기업의 요구에 대응 가능한 결과물을 내놓는 것을 목표로 한다. 이는 신입 디자이너뿐 아니라 이직 준비자, 프리랜서, 크리에이터에게도 필수 역량이 되고 있다.

결국 교육 현장은 더는 단순히 기술을 전달하는 공간이 아니라, AI와 인간의 공동 창작 가능성을 탐색하고 확장하는 실험실로 변화하고 있다. 이러한 흐름은 단지 새로운 직군에 대응하기 위한 기술 습득을 넘어, 디자이너가 사회에서 어떤 존재로 기능할 것인가를 묻는 근본적인 질문으로 이어진다. AI 시대에 교육은 결국 도구를 가르치는 것이 아니라, 도구를 통해 새로운 사고의 구조를 설계하는 법을 가르치는 일로 재정의되고 있는 셈이다.

디자이너의 역할 재정의와 미래 직군 생태계 전망

생성형 AI는 디자이너의 일자리를 위협하는 기술로 여겨지기도 하지만, 실상은 디자이너의 역할을 재정의하고 확장하는 계기가 되고 있다. 이미지 생성, 인터페이스 설계, 브랜딩, 모션 그래픽 등 다양한 분야에서 AI는 이제 보조적 툴이 아니라 공동 창작자의 위치에 있다. 이는 디자이너가 '손으로 그리는 사람'이 아니라, 문제의 본질을 정의하고 기술을 전략적으로 통합하는 존재로 변화하고 있음을 의미한다. 따라서 디자이너는 이제 기술과 창의성을 동시에 매개할 수 있는 융합 역량을 갖추어야 하며, 단일 직무가 아닌 복합 직군으로 진화해야 한다.

이러한 변화는 곧 직군 생태계의 재편으로 이어진다. 전통적인 그래픽 디자이너, 편집 디자이너, 웹 디자이너 등의 구분이 점차 흐려지는 대신에, 'AI 기반 시각화 전문가', '디지털 콘텐츠 디렉터', 'AI 프롬프트 전략가'와 같은 기술-기획-미학이 교차된 직군이 부상하고 있다. 특히 글로벌 IT 기업, 광고 대행사, 미디어 스타트업을 중심으로 이러한 포지션이 빠르게 자리 잡고 있으며, 단순한 디자인 결과물이 아닌 전략적 브랜드 언어를 구축하고 AI를 통해 증폭할 수 있는 역량이 더욱 중요시된다. 결과적으로 '잘 만든 이미지'보다 '잘 설계된 메시지와 흐름'이 실무 경쟁력을 결정짓는 기준이 되고 있다.

이처럼 직무 경계가 허물어지는 환경에서 디자이너는 개별 도메인의 전문가가 되기보다, 여러 기술과 미디어를 가로지르는 경계 없는 크리에이터가 되어야 한다. 예를 들어, 한 명의 디자이너가 프롬프트 기획, 이미지 생성, 애니메이션 시퀀스 제작, 인터랙티브 UX 설계까지 담당하게 되는 구조가 일반화되고 있다. 이런 변화는 고정된 직무보다 프로젝트 중심의 유연한 팀 편성을 낳고 있으며, 프리랜서나 디지털 노마드 같은 유동적인 근무 형태에서도 높은 수요를 창출하고 있다. 실제로 AI 기반 콘텐츠 스튜디오나 플랫폼 기업에서는 이미 디자이너의 경력을 기술 문해력(tech literacy), 커뮤니케이션 전략, AI 실험 역량 중심으로 평가하고 있다.

이 모든 변화 속에서 가장 중요한 것은, 디자이너가 자신의 정체성을 단순 기능 수행자가 아닌 '의미 설계자'로 재정립하는 것이다. AI가 할 수 없는 일은 '기술을 넘은 감각', '문제의 맥락을 읽는 통찰', '문화와 사회를 해석하는 창의성'이다. 디자이너는 이러한 인간 고유의 인식 능력을 바탕으로, AI가 생성한 결과물들을 전략적으로 정리하고, 브랜드와 사용자 경험 사이의 스토리텔링을 설계하는 역할을 맡게 된다. 앞으로 디자이너는 단지 결과물을 만드는 사람이 아니라, AI를 통해 '새로운 방식의 사고'를 제안할 수 있는 설계자가 되어야 하며, 이 과정에서 자신만의 미적 철학과 기술 전략을 균형 있게 개발해야 한다.

따라서 AI 시대의 디자이너는 변화하는 기술에 휘둘리는 존재가 아니라, 그 기술을 해석하고 새로운 질서를 제안하는 창의적 리더가 되어야 한다. 변화는 이미 시작되었고, 선택은 지금 이 순간부터다.

참고문헌

손효림·이창근(2024). "디자인 분야의 인공지능(AI) 활용 전략: 심층 인터뷰를 중심으로". 《디지털콘텐츠학회논문지》, 25(8), 2035~2044쪽.

이준오·박승배(2024). "감성 언어 기반의 생성형 AI 디자인 콘텐츠 사례 연구: 브랜드 홍보영상을 중심으로". 《상품문화디자인학연구》, (77), 219~230쪽.

천애리(2025). "생성형 AI를 활용한 시각융합디자인 교육과정 연구: AI정보디자인 교과목을 중심으로". 《조형미디어학》, 28(1), 18쪽.

한정아(2024). "지속가능성을 위한 패션의 생성형 AI 활용: 명품 브랜드를 중심으로". 《한국정보통신학회논문지》, 28(9), 1071~1081쪽.

10
AI 시대 디자이너의 핵심 역량

AI 시대에서 디자이너가 갖춰야 할 핵심 역량(창의성, 문제 해결 능력, AI 리터러시 등)을 정리하고, 특히 콘텐츠 이미지 제작에서 디자이너가 해야 할 창의적 작업과 AI가 맡을 수 있는 작업을 구분하여 설명한다. AI를 통해 효율성을 높이는 동시에, 창의적인 디자이너로서의 아이덴티티를 유지하는 방법을 제시한다.

종교와 AI?

변화 속에서 요구되는 디자이너의 조건

생성형 AI 기술의 비약적 발전은 디자인 프로세스를 자동화하고 고속화하는 동시에, 디자이너에게 새로운 사고의 틀과 창작 역량을 요구하고 있다. 과거의 디자이너는 수작업 능력과 미적 감각을 기반으로 결과물을 만들었다면, 오늘날의 디자이너는 AI와 협업하며 문제를 정의하고, 창의적인 방향성을 제시하는 역량이 필수적이다. 이는 단순히 도구 사용 능력을 넘어서, '무엇을 어떻게 만들 것인가'보다 '무엇을 왜 만들 것인가'를 사고할 수 있는 기획형 디자이너로의 전환을 의미한다.

첫 번째로 요구되는 역량은 AI 리터러시(AI literacy)다. 디자이너는 생성형 AI의 작동 원리, 학습 구조, 출력 특성을 이해하고 있어야 하며, 이를 기반으로 어떤 도구를 어떤 방식으로 적용할 것인지를 스스로 판단할 수 있어야 한다. 예를 들어, 미드저니나 달리를 사용할 때, '다양한 감정 표현'이나 '브랜드 톤에 맞춘 색채 구사' 같은 정성적 지표를 AI에 반영할 수 있어야 한다. 단순한 기술 숙련이 아니라, AI의 언어를 이해하고 디자인 언어로 해석하는 능력이 핵심이다.

두 번째는 비판적 사고 능력과 해석력이다. AI가 제공하는 이미지가 언제나 정답은 아니며, 그 결과물이 특정 문화, 성별, 인종에 대한 편향을 포함할 수 있다는 사실을 인지하고 윤리적 판단과 미적 감수성을 통해 결과물을 해석해야 한다. 예를 들어, AI가 자동으로 생성한 인물 이미지가 특정 외모 규범에 치우쳐 있다면, 그것이 콘텐츠의 목적과 맞는지, 브랜드 메시지와 일치하는지를 분석하고 조정할 수 있어야 한다. 이는 디자이너가 단순 수용자가 아닌 비판적 큐레이터로 기능해야 함을 뜻한다.

세 번째는 창의적 융합 능력이다. AI는 반복과 패턴을 기반으로 작동하는 반면, 인간은 상상력과 불확실성을 자산으로 삼는다. 이 둘의 결합을 통해 AI가 제안하지 못하는 창의적 조합을 만들어 내는 능력이 요구된다. 예를 들어, 콘텐츠 이미지 제작에서 AI가 제시한 기본 구성 위에 디자이너가 사용자 경험(UX)이나 스토리텔링 요소를 결합함으로써, 단순한 시각적 이미지에서 '경험적 이미지'로 확장된 결과물을 만들어 낼 수 있다.

마지막으로 중요한 역량은 소통과 설명 능력이다. 디자이너는 클라이언트나 팀원에게 자신의 창작 과정을 설명하고, AI 도구가 어떤 방식으로 사용되었으며, 어떤 기준에 따라 결과물이 선택되었는지를 언어적으로 설득할 수 있는 커뮤니케이션 역량을 갖춰야 한다. 이는 AI

도구가 보편화될수록 더욱 중요해지며, '왜 이 이미지인가'라는 질문에 명확히 답할 수 있는 디자이너가 팀에서 핵심 인물로 자리 잡게 된다.

요컨대, AI 시대의 디자이너는 단순히 이미지를 잘 만드는 사람이 아니라, 이미지 생성 과정 전체를 전략적으로 설계하고 해석할 수 있는 총체적 창작자로 재정의되고 있다. 기술은 빠르게 진보하지만, 그것을 활용해 사람의 마음을 움직이는 스토리와 메시지를 전달하는 능력은 인간 디자이너의 몫이다.

콘텐츠 이미지 실무에서의 핵심 역량 적용 사례

디자이너가 갖춰야 할 핵심 역량은 이론적 차원에서만 의미가 있는 것이 아니라, 실제 콘텐츠 이미지 제작 실무에서 구체적으로 발휘되어야 할 실질적 도구가 된다. 예컨대, 기업의 소셜 미디어 콘텐츠를 위한 섬네일 디자인을 진행한다고 가정해 보자. 이때 디자이너는 단순히 시선을 끄는 이미지를 제작하는 것에서 멈추지 않고, 해당 이미지가 브랜드 정체성과 어떻게 연결되는지, 대상 타깃에게 어떤 감성적 반응을 유도할 수 있는지를 고민하게 된다. 여기에 생성형 AI를 활용할 경우, 디자이너는 프롬프트 설계 역량, 이미지 선택 기준, 브랜드 해석력

등을 종합적으로 발휘하게 된다.

실제 예시로, 식품 브랜드의 SNS 팀에서 신제품 홍보 콘텐츠를 제작하기 위해 미드저니를 도입한 사례를 보자. 해당 프로젝트에서는 “따뜻한 감성, 홈카페 느낌, 자연광, 손 안에 쥔 디저트”라는 키워드를 중심으로 수십 장의 이미지가 생성되었다. 이때 디자이너는 단순히 가장 예쁜 이미지를 고르는 것이 아니라, 프롬프트의 정제 과정을 통해 브랜드 이미지에 부합하는 색감과 질감을 유도해야 했다. 이 과정에서 AI 리터러시와 함께, 미세한 프롬프트 조정 능력과 피드백 기반 실험 역량이 핵심적으로 작용한다.

또한, 생성된 이미지는 클라이언트에게 바로 전달되지 않는다. 디자이너는 이미지의 의도, AI 사용 방식, 선택한 이유를 명확히 설명하는 프리젠테이션 자료를 작성해야 한다. 이때 소통 역량과 설명 능력, 그리고 클라이언트의 입장에서 AI 이미지가 지니는 신뢰성과 차별성을 확보할 수 있도록 비판적 큐레이션이 이뤄져야 한다. 어떤 경우에는 이미지 일부를 수정하거나, 다른 이미지와 조합해 콘텐츠화해야 하며, 이때 포토샵, 일러스트레이터, 애프터 이펙트(After Effects) 등 기존 툴과 AI 툴 간의 연동 능력도 실무의 핵심 스킬이 된다.

더불어, 이미지 제작에 대한 의미적 기획 역량도 요구된다. 예를 들어, 유튜브 섬네일 디자인에서 단순히 화려한 이미지를 만드는 것보다, 사용자의 클릭 유도를 위한 정보 구조와 시선 유도 전략이 이미지 속에 포함되어야 한다. 이는 AI가 아직 완벽하게 수행하지 못하는 부분이며, 인간 디자이너의 '직관'과 '경험'이 결정적으로 작용하는 지점이다. 이러한 기획 역량은 시각적 요소뿐 아니라, 텍스트 배치, 대비, 강조 요소 설계 등에서 섬세하게 구현된다.

결국 실무에서 요구되는 핵심 역량은 개별적으로 작동하지 않는다. AI 리터러시, 창의적 융합력, 비판적 해석력, 커뮤니케이션 능력은 하나의 연쇄 작용처럼 엮여, 콘텐츠 이미지 제작의 모든 단계에 녹아들게 된다. 디자이너는 단순히 도구를 사용하는 기술자가 아니라, AI를 창의적으로 기획하고 의미를 부여하는 해석자이자 조율자로서 실무에 참여하게 된다. 이러한 총체적 접근이 바로 AI 시대의 디자인 경쟁력을 결정짓는 기준이 될 것이다.

AI 시대, 디자이너는 왜 여전히 중요한가

AI는 이제 디자이너의 경쟁자가 아니다. 오히려 디자이너의 역할과 가치, 정체성을 재정의하게 만드는 촉매제로 작용하고 있다. 기계가 반복하고 계산하며 시각적 요소를 생성할 수 있는 시대에, 인간 디자이너가 갖는 가장 본질적인 가치는 '의미를 만들고 연결하는 능력', 그리고 '문화와 감성의 층위를 이해하는 통찰력'이다. 이는 단지 '무엇을 어떻게 만들 것인가'가 아니라, '왜 그렇게 만들어야 하는가'를 설명하고 설득하는 힘이며, 디자이너를 기술 사용자에서 의미 설계자(meaning architect)로 변화시키고 있다.

AI는 방대한 데이터를 통해 효율적인 이미지를 만들어 낼 수 있지만, 콘텐츠가 담고 있는 문화적 맥락, 사용자 감성, 사회적 책임까지 이해하고 반영하는 능력은 아직 인간의 고유 영역이다. 예를 들어, 어떤 사회적 이슈를 다루는 광고 캠페인의 이미지 제작에서는 AI가 줄 수 없는 '긴장감', '모순', '사회적 메시지'가 필요하다. 이때 디자이너는 자신의 시각 언어를 통해 이미지를 조직하고, AI의 결과물을 편집해 정서적 충격과 메시지의 설득력을 동시에 담아낼 수 있는 최종 설계자가 되어야 한다.

또한, 디자인은 단순히 시각적 결과물이 아니라, 브랜드, 경험, 기억, 문화 전반을 설계하는 행위다. AI는 도구로서 이러한 설계 과정을 보완하지만, 디자이너는 맥락을 읽고 그에 따른 전략을 수립하며, 여러 선택지 중 가장 적절한 것을 결정하는 판단자로서 기능한다. 콘텐츠 이미지 제작에서도 이 판단력은 디자인의 수준을 결정짓는 핵심이며, 이는 어떤 AI 알고리듬도 단독으로 수행할 수 없는 고차원적 사고이자 책임이다.

따라서 AI 시대의 디자이너는 단순히 기존 역할을 유지하는 것이 아니라, 스스로를 재정의하고 확장하며, 새로운 문법을 발명해야 하는 창의적 혁신자다. 그들은 기술을 두려워하기보다 기술을 자신의 언어로 받아들이고, 도구를 넘어서는 비전과 관점으로 콘텐츠 이미지에 생명을 불어넣는다. 그리고 그것이 바로 디자이너가 AI 시대에도 여전히 필요한 이유이며, 앞으로도 중요한 문화 창작자로 남게 되는 이유다.

참고문헌

유훈식(2024.5.8). "AI 시대에 진화하는 디자이너의 역할: 패러다임 전환". BrunchStory. https://brunch.co.kr/@ghidesigner/152

중앙일보(2025.2.4). "AI 시대에 디자이너의 미래를 묻다 [트랜D]". https://www.joongang.co.kr/article/25311446

천애리(2025). "생성형 AI를 활용한 시각융합디자인 교육과정 연구: AI정보디자인 교과목을 중심으로". 《조형미디어학》, 28(1), 18쪽.

선정훈

부산대학교 디자인학과 박사 과정생이며, 동의대학교 광고홍보학과, 동명대학교 시각디자인학과, 경남정보대학교미디어영상학과에서 겸임 교수로 활동하고 있다. 부산대학교 디자인앤테크놀로지학과에서 석사학위를 받았다. 크리에이터 및 콘텐츠 관련 제작 강의를 부산 지역 여러 센터(부산콘텐츠코리아랩, 부산디자인진흥원, 상상플러스부산, 부산시청자미디어센터, 동구여성인력센터 등)에서 진행하고 있으며, AI를 활용한 영상 콘텐츠와 이미지 제작 콘텐츠에 대한 연구를 진행하고 있다. 대한민국디자인전람회(2023, 2024) 심사 위원으로 활동했으며, 여러 유튜브 채널(부산시, 기장군, 박기량TV, 다다채널 등)을 운영·기획·제작해 오며 콘텐츠 제작 컨설팅·멘토링을 진행하고 있다.